Ethik als Anspruch an die Wissenschaft
oder:
Ethik in der Wissenschaft

Schriftenreihe der Katholischen Akademie
der Erzdiözese Freiburg
Herausgegeben von Dietmar Bader

Ludwig Siep (Hrsg.)

Ethik als Anspruch an die Wissenschaft oder: Ethik in der Wissenschaft

Mit Beiträgen von
Kurt Bayertz · Ludwig Siep
Gerhard Robbers · Heinz D. Kurz
Alfons Auer · Hans A. Hartmann

Verlag Schnell & Steiner München · Zürich

Alle Rechte vorbehalten
© 1988 Katholische Akademie Freiburg
und Verlag Schnell & Steiner München · Zürich
Druck: Erhardi Druck GmbH Regensburg
ISBN 3-7954-0276-x

Inhalt

Ludwig Siep
Vorwort 6

Kurt Bayertz
Das Ethos der Wissenschaften und die Moral 9

Ludwig Siep
Wissenschaftsethos und philosophische Ethik 21

Gerhard Robbers
Rechtswissenschaft und Ethik 34

Heinz D. Kurz
Ökonomie und Ethik: Einige Anmerkungen 54

Alfons Auer
„Die Vernunft des Ganzen" – Was kann die Theologie zur Erkenntnis ihrer Verbindlichkeit beitragen? 82

Hans A. Hartmann
Moralität und Moral in sozialwissenschaftlicher und psychologischer Perspektive 105

Autorenverzeichnis 138

Vorwort

Die Entwicklung der neuzeitlichen Wissenschaften ist zugleich ein Prozeß der Trennung von empirischen und analytischen Wissenschaften einerseits sowie „wertenden" Wissenschaften – Ethik, Teile der Rechtswissenschaften und Theologie usw. – andererseits. Vor allem seit dem 19. Jahrhundert nimmt die Tendenz zu, Wissenschaftlichkeit mit „Wertfreiheit" gleichzusetzen. Diese Forderung ist für Teile der Wissenschaften und für Phasen des Forschungsprozesses berechtigt: nicht nur in den Naturwissenschaften und empirischen Sozialwissenschaften, sondern auch etwa in den vergleichenden Rechtswissenschaften oder der Regierungslehre, in der historischen Bibelforschung, der Erkenntnistheorie oder der Anthropologie. Aber sie gilt nicht für alle Teile aller Wissenschaften. Und sie kann vergessen machen, daß Wissenschaften selber Praxis, Handlungsformen sind und daß sie mit dem Handeln der Menschen durch ihre Folgen – Technik, Medizin, Prognostik, Beratung, „Aufklärung" etc. – verbunden sind. Menschliches Handeln aber unterliegt Regeln, die akzeptiert, verändert oder verworfen werden können. Das ist nicht ohne Präferenzen bzw. Wertungen möglich.

So gibt es auch für Wissenschaften wie die Mathematik und die Physik Regeln des Verhaltens – auch Denken ist ein Verhalten – zu den Objekten der Wissenschaft (Methoden), zu den Mitteln der Forschung (Techniken) und zu den „Mitwissenschaftlern" (Verhaltensnormen der Forschergemeinschaft). Da diese Regeln normalerweise einen tradierten Verhaltenskanon ausmachen, kann man von einem „Ethos" der Wissenschaften sprechen. Ob dieses Ethos mehr als eine zweckrationale Technik ist, mag man schon in Frage stellen. Die ersten beiden Beiträge dieses Bandes nehmen dazu unterschiedliche Positionen ein.

Es sind die Produkte der Wissenschaft – Wissensinhalte, Techniken, Konstruktionsregeln – aber auch die Verhaltensweisen und „Einstellungen" von Wissenschaftlern, die darüber hinaus das Leben der Menschen außerhalb der „scientific community" beeinflussen. Es handelt sich um Nah- und Fernwirkungen – von der Universitätsstadt oder dem „Standort" von

Forschungseinrichtungen über die Regionen und Völker bis zur gesamten Menschheit, von der lokalen bis zur globalen „Umwelt". Diese Auswirkungen werden nach den Normen als gut oder schlecht bewertet, die in diesen größeren Gemeinschaften gelten – natürlich nicht immer unumstritten. Solange die Wissenschaft nahezu einmütig als „heilbringend", d. h. körperliche und geistige Bedürfnisse stillend betrachtet wurde, gab es hinsichtlich dieser Auswirkungen keine größeren Probleme. In der Gegenwart hat sich aber vor allem die Technik, die durch die neuzeitlichen Wissenschaften möglich wurde – nicht nur die maschinelle Technik, sondern auch soziale oder psychische „Techniken" –, als ambivalent für die menschlichen Bedürfnisse, Hoffnungen, Werte und Überzeugungen erwiesen. Seitdem steht die Wertung wissenschaftlichen Handelns und seiner sozialen Folgen immer mehr in Frage. Wenn in den Wissenschaften alles erforscht werden kann, was je einem Forscher in den Sinn kommt; wenn dazu alle Mittel und Methoden angewandt werden dürfen, die Erkenntnisfortschritt versprechen; und wenn Forschungen „automatisch" in Technik und Techniken resultieren: dann scheint der Einfluß der Wissenschaften auf die menschliche Gesellschaft eine ebenso unkontrollierbare Macht wie die Macht der Natur. Von dieser Macht zu befreien, war aber das Versprechen der neuzeitlichen Wissenschaft. Wird es nötig, sich von den Wissenschaften selber zu befreien? Oder können die begründeten Normen einer Gesellschaft, die selber Maßstäben der wissenschaftlichen Argumentation standhalten, in die Wissenschaften hineinwirken? Können sie mit dem Ethos der Wissenschaften in Übereinstimmung gebracht werden? Können sie für die Wahl von Forschungszielen und Mitteln, das Tempo von Fortschritt und Mitteleinsatz, schließlich für die Anwendung von Ergebnissen, selber Kriterien abgeben?

Am dringendsten stellen sich solche Probleme gegenwärtig in den Biowissenschaften. Grenzen sind hier durchaus schon gezogen – etwa in allen Bereichen der Forschung am Menschen. Aber zugleich wirken starke Kräfte und – vielfach berechtigte – Interessen in Richtung auf immer vollständigere Erkenntnisse, Kontrollen und Beeinflussung der Prozesse des organischen Lebens. Gerade hier scheint unser Verständnis und damit auch die Normen unseres Umganges mit der Natur und uns selbst von einem schnellen, unabsehbaren und irreversiblen Wandlungsprozeß betroffen.

In dieser Situation stellen sich allen Wissenschaften, besonders aber den „Normwissenschaften", drei Aufgaben:

Erstens, das Ethos der Wissenschaften selbst zu untersuchen. Wie viel davon ist Technik, wieviel enthält Wertungen und welcher Art?

Zweitens, das Verhältnis des Wissenschaftsethos und der Wissenschaftsfolgen für die Normen und Wertvorstellungen der sozialen „Umwelt" der Wissenschaft zu untersuchen. Wie verträgt sich die Handlungsweise und wie vertragen sich die Produkte von Wissenschaft mit den berechtigten Wünschen und Bedürfnissen einer Bevölkerung, den Normen einer Verfassung, den Rechten der Menschheit?

Drittens, diese allgemeinen Normen selber zu überprüfen. Halten sie den Erkenntnissen der Wissenschaften stand? Sind sie auf „rationale" Weise zu rechtfertigen oder zu begründen?

Freilich: Normen, Wertvorstellungen und Rechte sind immer auch Vorstellungen davon, wie der Mensch sein will, welches Verhalten, welchen Charakter eine Gruppe von Menschen für schätzenswert hält. Der Möglichkeit der Kritik durch „wertfreie" Wissenschaften sind daher Grenzen gezogen: sie beschränken sich auf den Nachweis der Inkonsistenz zwischen Normen (bzw. dem, was sie verlangen), der Überforderung der menschlichen Natur, sowie des Leidens, das ihre Realisierung in der Geschichte verursacht hat und evtl. noch verursacht. Aber Konsistenz und Erfahrungsargumente sind nicht die allein rationalen Elemente einer wissenschaftlichen Argumentation für oder wider Normen und Werte, Tugenden und Charaktereigenschaften. Jedenfalls beanspruchen dies die Rechtswissenschaft und Teile der Ökonomie, die philosophische und auch die theologische Ethik.

Die Beiträge dieses Bandes – Vorträge einer Tagung der Katholischen Akademie in Freiburg im November 1987 – haben es mit allen drei Aufgaben zu tun. Sie erörtern das Wissenschaftsethos von Natur-, Geistes- und Sozialwissenschaften sowohl „intern" wie in seiner Beziehung auf das allgemeine Ethos. Und sie tragen sowohl zur Begründung wie zur Kritik von Wertvorstellungen und Moralität überhaupt bei – aus rechts- und sozialwissenschaftlicher, philosophischer wie theologischer Perspektive.

Ludwig Siep

Das Ethos der Wissenschaften und die Moral

Kurt Bayertz

Im Jahre 1752 erschien in französischer Sprache eine schmale Schrift mit dem Titel *Brief über den Fortschritt der Wissenschaften*. Sie enthält – ihrem Titel entsprechend – eine Reihe von Vorschlägen zur Beförderung des wissenschaftlichen Fortschritts. Erstens schlägt der Verfasser verschiedene Experimente vor, von denen er sich eine Erweiterung unserer Kenntnisse und Fähigkeiten verspricht. Dazu gehört
- die Durchführung neuartiger und gefährlicher Operationen an zum Tode Verurteilten, die durch die Aussicht auf Straferlaß dazu bewogen werden sollen, Eingriffe über sich ergehen zu lassen, die die Medizin an anderen Patienten nicht wagen würde; sowie
- die Aufzucht von neugeborenen Kindern in völliger sozialer Isolation, um auf diese Weise zu ermitteln, welche Sprache sie von sich aus, ohne erwachsene Vorbilder, zu sprechen beginnen.

Zweitens möchte der Verfasser bestimmte Forschungsprojekte verboten wissen: so die Suche nach dem Stein der Weisen, nach der Quadratur des Kreises oder nach dem perpetuum mobile.[1]

Dieser Brief ist, um das mindeste zu sagen, erstaunlich. Sein Verfasser möchte Experimente zulassen, die wir als eindeutig unmoralisch qualifizieren würden; andererseits aber genau solche Forschungsprojekte verboten sehen, die auch heute als wenig aussichtsreich gelten müssen, die aber keineswegs unmoralisch und verbotswürdig sind. Doch so erstaunlich diese Vorschläge auf den ersten Blick auch erscheinen mögen, spätestens auf den zweiten Blick wird sichtbar, daß sie keineswegs „verrückt" oder zufällig sind, daß ihnen vielmehr eine klare Logik, ein konsistentes Programm zugrunde liegt. Durchgeführt werden sollen solche Experimente, von denen der Verfasser mit guten Gründen eine Erweiterung der menschlichen Kenntnisse erwartet (auch wenn sie der geltenden Moral zuwiderlaufen); und verboten werden sollen jene Experimente und Forschungsprojekte, von denen eine solche Erweiterung der Erkenntnisse nicht zu erwarten ist (auch wenn sie moralisch unbedenklich sind). Mit einem Wort: Erlaubnis und Verbot folgen konsequent dem im Titel des *Briefes über den Fortschritt der Wissenschaften* angedeuteten Programm.

Ich möchte nun die Ansicht vertreten, daß dieser Brief uns nicht nur Aufschluß über die Auffassung seines historischen Verfassers geben kann. Angesichts seiner Prominenz wäre freilich auch dies schon instruktiv genug: handelt es sich doch immerhin um Pierre-Louis Moreau de Maupertuis, einen der bedeutendsten französischen Naturwissenschaftler des 18. Jahrhunderts und überdies einen höchst einflußreichen Wissenschaftsorganisator, der im Jahre 1746 von Friedrich dem Großen zum Präsidenten der Preußischen Akademie der Wissenschaften berufen worden war. Meine These ist, daß die Programmatik dieses Briefes eine Einstellung widerspiegelt, die sich im 18. Jahrhundert auszubilden begann, die im 19. Jahrhundert festen Fuß in der Wissenschaft faßte und in ihr bis heute weit verbreitet, wenn nicht gar dominant ist. Diese Einstellung ist – pointiert gesagt – auf den Erkenntnisfortschritt gerichtet und auf sonst nichts. Dabei ist zu beachten, daß der Ausdruck „Einstellung" nicht so sehr auf eine psychologische Disposition individueller Wissenschaftler zielt, als vielmehr auf die strukturellen Bedingungen wissenschaftlicher Tätigkeit.

In den nachfolgenden Überlegungen werde ich zunächst eine Skizze der historischen Voraussetzungen geben, die zur Entstehung dieser strukturellen Bedingungen wissenschaftlicher Tätigkeit und der ihnen entsprechenden Einstellung geführt haben; um dann plausibel zu machen, daß der bisweilen als das *wissenschaftliche Ethos* bezeichnete Komplex von Regeln und Normen nichts als eine Systematisierung und „Moralisierung" des Fortschrittsimperativs der neuzeitlichen Wissenschaft ist.

I.

Die Beziehungen zwischen der auf beständige Innovation orientierten neuzeitlichen (Natur)wissenschaft und den auf Stabilität und Beharrung angelegten gesellschaftlichen Wertorientierungen waren von Beginn an alles andere als harmonisch. Es genügt, an den Eklat der Kopernikanischen Astronomie, an den Prozeß gegen Galilei, an die Empörung über Darwin und an die heutigen Debatten über die Gentechnologie zu erinnern, um die Geschichte der Wissenschaft als eine von immer nur kurzfristigen Perioden des Friedens unterbrochene Abfolge von Konflikten mit der gesellschaftlich geltenden Moral deutlich werden zu lassen.

Um so erstaunlicher muß es erscheinen, daß ein derart gefährliches und zersetzendes Unternehmen sich seit dem 17. Jahrhundert wachsender Beliebtheit erfreuen konnte – und dies nicht nur in aufklärerischen Kreisen, sondern auch unter den Mächtigen dieser Welt. Tatsächlich wurde die neue Wissenschaft durch die Gründung der Londoner *Royal Society* im Jahre 1662 und der Pariser *Académie des Sciences* im Jahre 1666 offiziell als eine gesellschaftliche Institution anerkannt. Der Prozeß gegen Galilei lag also gerade dreißig Jahre zurück, als es der neuen Wissenschaft gelungen war, sich in zwei der wichtigsten europäischen Ländern die Billigung und Förderung des jeweiligen Monarchen zu sichern.

Doch alles hat seinen Preis. Und so zeigt sich denn auch bei genauerer historischer Betrachtung, daß die junge und widerborstige Naturwissenschaft diesen Institutionalisierungserfolg nicht als freundliche Morgengabe geschenkt bekam, sondern mit einem gewissen Entgegenkommen, einer Selbstbeschränkung erkaufen mußte. Hatte die „Baconische Bewegung" im puritanischen England der ersten Hälfte des 17. Jahrhunderts noch ein Programm wissenschaftlicher *und* politisch-sozialer Reformen vertreten, so rückte man nach der Restauration von diesem Anspruch immer mehr ab und verzichtete auf jegliche Einmischung in politische und – im weitesten Sinne des Wortes – ideologische Auseinandersetzungen. Ein von Robert Hooke 1663 verfaßter Entwurf für die Statuten der *Royal Society* enthielt beispielsweise die ausdrückliche Versicherung: „Gegenstand und Ziel der Royal Society ist es, die Kenntnisse von natürlichen Dingen, von allen nützlichen Künsten, Produktionsweisen, mechanischen Praktiken, Maschinen und Erfindungen durch Experimente zu verbessern – *ohne sich in Theologie, Metaphysik, Moral, Politik, Grammatik, Rhetorik oder Logik einzumischen.*"[2]

Die Institutionalisierung der Naturwissenschaft im 17. Jahrhundert kann daher nicht auf ihre organisatorische Festigung und gesellschaftliche Anerkennung reduziert werden; sie war gleichzeitig mit einer gravierenden Einschränkung des Wissenschafts*begriffs* verbunden. Institutionalisiert wurde nicht das umfassende Gesellschaftsreformprogramm des Baconismus, sondern ein Typus des Naturerkennens, der sich – um es in einem Wort zusammenzufassen – programmatisch von allen Wertimplikationen losgesagt hatte. „Kulturelle Legitimation gewann die Wissenschaft nicht durch die Übertragung ihrer Werte auf die ganze Gesellschaft, sondern durch die Garantie der Nichtintervention in die herrschenden Institutionen und Ideologien politischer und kultureller Legitimation."[3]

An dieser Stelle kann nicht detailliert nachverfolgt werden, wie dieser Typus einer „positiven", von Politik, Religion und Moral gesonderten Wissenschaft in den folgenden beiden Jahrhunderten weiter gefestigt wurde. Angedeutet werden kann nur, daß die noch verbliebenen Ecken und Kanten vor allem durch zwei weitere soziale Prozesse abgeschliffen wurden. Zum einen wurde im Übergang vom 18. zum 19. Jahrhundert aus der bis dahin vorwiegend von „Amateuren" betriebenen Forschung ein *Beruf,* der eine spezielle Ausbildung voraussetzte und zunehmend von Fachleuten betrieben wurde. Charakteristischerweise bildet sich erst im Zuge dieses Übergangs von der Amateur- zur Berufstätigkeit der Begriff des „Wissenschaftlers" aus.[4] Zum zweiten setzte gleichzeitig eine innere Differenzierung ein: aus „der" Naturwissenschaft wurden *die* Naturwissenschaften. Es entstanden verschiedene Disziplinen mit ihren je eigenen Kommunikationsnetzen, theoretischen Orientierungen und methodischen Standards.

II.

Im Ergebnis dieser drei Prozesse – der Institutionalisierung, Professionalisierung und „Disziplinierung" – bildete sich im vergangenen Jahrhundert der bis heute dominierende Typus moderner (Natur)wissenschaft heraus. In historisch-soziologischer Hinsicht handelt es sich dabei um das Resultat eines Prozesses *funktionaler Ausdifferenzierung:* Die ursprünglich mit anderen Tätigkeiten verflochtene Naturerkenntnis wird aus dieser Verflechtung gelöst und als eine verselbständigte Tätigkeit institutionalisiert und professionalisiert. Die Wissenschaft wird in einem doppelten Sinne *autonom.*

a) In wachsendem Maße wird eine Linie gezogen zwischen Fragestellungen, die gesellschaftlich relevant und solchen, die wissenschaftlich interessant sind. Die Forschung befreit sich von empirisch unlösbaren Problemen und konzentriert sich auf kleine, lösbare „Rätsel", die von außen betrachtet oft als „esoterisch" erscheinen.[5] Wissenschaftstheoretisch schlägt sich diese Autonomisierung in der wachsenden Bedeutung interner Problemgenerierung nieder: die wissenschaftliche Aufmerksamkeit richtet sich zunehmend auf Probleme, die innerhalb der Wissenschaft selbst erzeugt wurden.

b) Die Wissenschaft bildet eigene Normen aus, nach denen darüber entschieden wird, ob eine spezifische Leistung (eine Beobachtung, ein Gesetz oder eine Theorie) akzeptiert und in den Corpus des geltenden Wissens eingefügt wird. Die „Methodologisierung" der Wissenschaft im 19. Jahrhundert ist ein Ausdruck dieser Entstehung eigenständiger Bewertungskriterien innerhalb der einzelnen Disziplinen.

„Autonomie" in dem hier verwendeten Sinne bedeutet nicht die Errichtung einer unüberschreitbaren Grenze zwischen „Innen" (Wissenschaft) und „Außen" (Gesellschaft) und impliziert keine hermetische Abschottung von allen „äußeren" Einflüssen; entscheidend ist vielmehr, daß fortan nur noch innerhalb der Wissenschaft selbst darüber entschieden werden kann, welche äußeren Anforderungen aufgegriffen und welche sozialen Bedürfnisse mit wissenschaftlichen Mitteln befriedigt werden können. „Autonomie" bedeutet somit, dem genauen Wortsinne entsprechend, daß die Wissenschaft sich die Gesetze ihres Funktionierens selbst gibt: sie entscheidet selbst ebenso darüber, was ein „Problem" ist, wie darüber, was als dessen „Lösung" gilt.

Der entscheidende Effekt einer solchen Autonomisierung ist eine grandiose Steigerung des innovativen Potentials der Wissenschaft. Die Zahl der kognitiven Innovationen pro Zeiteinheit wird in einem bis dahin unbekannten Maße erhöht; das inzwischen sprichwörtlich gewordene exponentielle Wachstum der menschlichen Kenntnisse kann beginnen. Nichts scheint diesen Zusammenhang zwischen Autonomie und Effektivität besser zu demonstrieren, als die Versuche, der Wissenschaft von außen ihre Arbeitsweise oder ihre Ergebnisse vorzuschreiben, oder sonstwie in sie „hineinzuregieren". Jeder solche Versuch, sich über die selbstgesetzten Regeln der Wissenschaft hinwegzusetzen – man denke an das Paradebeispiel der Lyssenko-Affäre – ist gescheitert. Gescheitert nicht in dem Sinne, daß solche Eingriffe erfolglos geblieben wären, weil sie politisch nicht durchsetzbar waren; gescheitert sind sie in dem völlig anderen Sinne, daß sie über kurz oder lang zu einem Erlahmen der innovativen Kraft der Wissenschaft geführt haben.

III.

Wie tiefgreifend der skizzierte Wandel war, wird deutlich, wenn wir uns daran erinnern, daß der Begriff „Wissenschaft" seit der Antike ein wohlgegründetes Gebäude vom Kenntnissen bezeichnet hatte. Der klassische Wissenschaftsbegriff bezog sich auf ein *gesichertes* und *unveränderliches* Wissen, an dem zu zweifeln niemand berechtigt war. Dieses statische Verständnis von Wissenschaft wurde seit der Renaissance zunehmend unterminiert, erhielt sich aber teilweise noch bis zum Beginn des 19. Jahrhunderts. An seine Stelle trat ein dynamischer Wissenschaftsbegriff, der die *Forschung* an die Stelle des Wissens und die *Innovation* an die Stelle der Bewahrung setzt: nicht mehr gesicherte Kenntnisse sind das Ziel, sondern ihre beständige Revolutionierung.[6]

Eng verbunden mit diesem Vorgang waren drei Prozesse, von denen ich die ersten beiden nur andeuten kann. Zum einen fand ein Umbau des gesamten Wissenschaftssystems im Sinne seiner konsequenten Ausrichtung auf das eine Ziel statt: Effektivitätssteigerung der Wissensproduktion.[7] Zum zweiten wurde in fast allen Verfassungen des 19. Jahrhunderts die *Freiheit der Wissenschaft* als ein Grundrecht aufgenommen (in Deutschland erstmals in § 152 der *Verfassung des Deutschen Reiches* vom 8. März 1849); damit war die Autonomie der Wissenschaft staatlich garantiert. Der für den vorliegenden Zusammenhang entscheidende dritte Punkt besteht darin, daß sich im Zuge der Ausdifferenzierung der Wissenschaft und des Wandels des Wissenschaftsbegriffs auch das Selbstverständnis der beteiligten Subjekte grundlegend veränderte. Die Bezeichnung „Wissenschaftler" taucht erst spät auf und bedeutet von Beginn an etwas anderes als die vorher gebräuchlichen Begriffe „Philosoph" oder „Gelehrter". Der Wissenschaftler ist nicht mehr der universell gebildete Gelehrte, sondern in erster Linie der spezialisierte Fachmann; er ist nicht mehr an eine Tradition gebunden, sondern zum permanenten Bruch mit der Tradition aufgerufen; er ist (in seiner fachlichen Tätigkeit) nicht mehr auf die grundlegenden Werte seiner Kultur verpflichtet, sondern auf die methodischen Regeln seiner wissenschaftlichen Disziplin.

Die normativen Anforderungen, die an einen Wissenschaftler gestellt werden, sind mithin sehr spezifischer Natur. So wie das soziale System der Wissenschaft insgesamt auf Effektivität in der Erzeugung kognitiver Innovation ausgerichtet wird, so wird auch vom Wissenschaftler in erster Linie verlangt, daß er zu dieser Innovation beiträgt. Alle anderen Anforderungen treten demgegenüber in den Hintergrund. Der Wissenschaftler soll kritisch sein und sich nicht von Autoritäten beeindrucken lassen; er soll die überlieferten Erkenntnisse stets neu überdenken und die Beobachtungen und Theorien seiner Kollegen kritisch überprüfen; er soll darüber hinaus stets auch seinen eigenen Überzeugungen mißtrauen und seine Einsichten nicht für sich behalten, sondern öffentlich machen. Alle diese für das *wissenschaftliche Ethos* konstitutiven Normen gelten dem einen Ziel: Sicherung des innovativen Potentials der Wissenschaft und Förderung des Fortschritts der Erkenntnis.

Es liegt auf der Hand, daß wir damit zum Beginn meiner Ausführungen zurückgekehrt sind, zu Maupertuis und seinen erstaunlichen Vorschlägen zur Beförderung des Fortschritts der Wissenschaften. So bestürzend diese Vorschläge aus heutiger Sicht auch erscheinen mögen, sie fügen sich mit ihrer konsequenten Orientierung auf die Effektivierung der Erkenntnisproduktion nahtlos in das auch heute noch dominierende Ethos der Wissenschaften ein. Es wäre lediglich eine Sache des Fleißes, diese Behauptung durch eine beliebig lange Liste von Äußerungen bedeutender Naturwissenschaftler des 20. Jahrhunderts zu illustrieren. Ich möchte mich an dieser Stelle mit einem Beispiel begnügen. Als Mitte der 70er Jahre in den USA eine heftige öffentliche Debatte um die Genmanipulation entbrannte, in der auch Wissenschaftler auf mögliche Gefahren der DNS-Rekombination aufmerksam machten, wandte sich der Genetiker und Nobelpreisträger James B. Watson energisch gegen einige dieser Kritiker: über Ernst Chargaff heißt es, sein „Versuch zu bremsen ist ein ganz normales Verhalten für jemanden, der sich in den letzten dreißig Jahren nicht fortbewegt hat"; und zwei Kolleginnen werden mit folgenden Worten abgefertigt: „Sie (die Biologin Ruth Hubbard) und diese elende kleine Ursula Goodenough ... lehnen Leute ab, die härter als sie arbeiten. Wenn andere Leute nicht so intensiv arbeiten würden, gäbe es keine so großen Unterschiede zwischen Ursula Goodenough und wirklichen Wissenschaftlern. Ich bin überzeugt, daß Ursula die Wissenschaft verlangsamen möchte. Dann könnte sie mithalten."[8] Man kann diese Äußerung als eine Entgleisung verharmlosen oder als einen Extremfall abtun; man kann aber auch auf die Botschaft achten, die aus solchen Entgleisungen spricht: in der Wissenschaft und für den Wissenschaftler zählt nichts außer dem (möglichst schnellen) Fortschritt; moralische Skrupel können ihn nur behindern.

IV.

Wenn ich mich nun am Schluß meines Beitrages der Grundfrage unserer Tagung direkt zuwende, so ist die Antwort klar: *Die Moral kann nicht aus der Wissenschaft selbst kommen, sondern nur von außen an sie herangetragen werden.*

Was ich zu zeigen versucht habe war ja, daß das „wissenschaftliche Ethos" überhaupt nicht moralischer Natur ist, sondern als ein Komplex *funktionaler* Normen und Werte aufgefaßt werden muß, die das möglichst effiziente Funktionieren des Wissenschafts„betriebes" sicherstellen sollen. Dies geht auch aus der prominenten Rekonstruktion dieses Ethos durch Robert K. Merton unzweideutig hervor. „Das institutionelle Ziel der Wissenschaft ist die Ausweitung gesicherten Wissens. Die technischen Methoden, die zur Erreichung dieses Ziels angewandt werden, liefern die relevante Definition von Wissen: empirisch bestätigte und logisch konsistente Voraussagen. Die institutionellen Zwänge (Bräuche) leiten sich aus dem Ziel und den Methoden her. Die gesamte Struktur der technischen und moralischen Normen dient der Realisierung des obersten Ziels." Zwar fügt Merton hinzu: „Die Bräuche der Wissenschaft haben eine methodologische Begründung, aber sie sind nicht nur bindend, weil sie effizient sind, sondern weil sie für richtig und gut gehalten werden. Sie sind sowohl moralische wie technische Vorschriften."[9] Doch diese Moralisierung der wissenschaftlichen „Bräuche" bleibt unplausibel: sie wird nicht weiter begründet, sondern lediglich behauptet; und vor allem bleibt der dabei zugrunde gelegte Begriff von Moral offen. Natürlich kann man die Norm „Verwende nur gut geprüfte empirische Aussagen!" als eine wissenschaftliche Reformulierung des moralischen Wertes der Wahrhaftigkeit betrachten, doch sollte dabei nicht übersehen werden, daß die soziale Evolution der Wissenschaft längst Moralität in Funktionalität transformiert hat. Im Hinblick auf ihre Funktion bei der Erzeugung wissenschaftlichen Wissens gleicht eine Regel wie ,,Verwende nur gut geprüfte empirische Aussagen!" eher einer technischen Vorschrift wie ,,Das Motoröl muß alle 5000 Kilometer erneuert werden!", als einer moralischen Norm wie ,,Du sollst nicht lügen!".

Die Unterscheidung zwischen moralischen Normen (die universell gültig sind und auf den Schutz der Interessen anderer Menschen abzielen) und technisch-funktionalen Normen (die der Realisierung beliebiger Ziele – im Fall der Wissenschaft dem Erkenntnisfortschritt – dienen) ist von entscheidender Bedeutung. Immer wieder ist der Versuch unternommen worden, das ,,Ethos der Wissenschaften" gegen die allgemeine Moral auszuspielen: sei es, daß die Erkenntnis selbst zu einem Wert stilisiert wurde,[10] oder sei es mit dem Argument, daß die Verantwortung des Wissenschaftlers in erster Linie darin bestehe, gute Wissenschaft zu machen und den Fortschritt der Erkenntnis voranzutreiben. In beiden Varianten wird die Berufung auf das wissenschaftliche Ethos benutzt, um die *moralische* Dimension wissenschaftlicher Tätigkeit zu eskamotieren.

V.

Ich möchte diese provokative Einleitung zu unserer Tagung nicht schließen, ohne zwei Bemerkungen nachzutragen, die zumindest die gröbsten Mißverständnisse meiner Intentionen ausschalten sollen. *Erstens* verbinde ich mit meiner These keinerlei denunziative Absichten; insbesondere unterstelle ich ,,den" Wissenschaftlern nicht pauschal eine moralische Fehlhaltung. Meine These lautet, daß die Moral nur von außen an *die Wissenschaft* herangetragen werden kann; sie schließt aber keinesfalls aus, daß es die Wissenschaftler sein können, die dies tun. Ich weiß sehr gut, daß es zahlreiche Gegenbeispiele zu meinen negativen Helden Maupertuis und Watson gibt: Wissenschaftler, die mit ihrer Tätigkeit hohe moralische Ansprüche verbunden und diese in ihrer Tätigkeit auch zu realisieren versucht haben.

Meine Behauptung ist aber, daß es sich dabei um eine ,,private" Einstellung handelt, die ihre Wurzeln nicht in, sondern *außerhalb* der Wissenschaft hat. Da diese Moralität eine Eigenschaft der jeweiligen Wissenschaftler, nicht aber ein inhärentes und notwendiges Merkmal ihrer Berufstätigkeit ist, ist ihr Vorhandensein (oder Nichtvorhandensein) für das Funktionieren des Wissenschaftssystems insgesamt marginal. So hat der theoretische Physiker Max Born, der im Jahre 1954 für seine Arbeiten zur statistischen Interpretation der Quantenmechanik mit dem Nobelpreis ausgezeichnet wurde, gegen Ende seines Lebens in bezug auf das Verhältnis von Wissenschaft und Moral eine niederschmetternde Bilanz gezogen: ,,Obwohl ich die Naturwissenschaft liebe, habe ich das Gefühl, daß sie so sehr gegen die geschichtliche Entwicklung und Tradition ist, daß sie durch unsere Zivilisation nicht absorbiert werden kann. Die politischen und militärischen Schrecken sowie der vollständige Zusammenbruch der Ethik, deren Zeuge ich während meines Lebens geworden bin, sind kein Symptom einer vorübergehenden Schwäche, sondern eine notwendige Folge des naturwissenschaftlichen Aufstiegs – der an sich eine der größten intellektuellen Leistungen der Menschheit ist. Wenn dem so ist, dann ist der Mensch als freies und verantwortliches Wesen am Ende. Sollte die Menschenrasse nicht durch einen Krieg mit Kernwaffen ausgelöscht werden, dann wird sie zu einer Herde von stumpfen, törichten Kreaturen degenerieren unter der Tyrannei von Diktatoren, die sie mit Hilfe von Maschinen und elektronischen Computern beherrschen."[11] Auch wenn man diese Bilanz für übertrieben pessimistisch hält, wird man sich doch kaum der Einsicht verschließen können, daß die moralischen Intentionen von Wissenschaftlern wie Born oder Einstein die grundsätzliche Fremdheit von Wissenschaft und Moral nicht aufzuheben vermocht haben.

Man muß dabei nicht einmal an die spezifische *soziale* Verfaßtheit unseres Wissenschaftssystems denken, das durch seine Reputationshierarchien, Publikationszwänge und Karrieremechanismen diese Fremdheit fördert und verstärkt.[12] Angesichts der realen Produktionsbedingungen von Wissenschaft kann es kaum verwundern, daß der Appell an die ,,gesellschaftliche Verantwortung" eher in Festschriften und Sonntagsreden Resonanz findet als in der wissenschaftlichen Praxis.[13] Nicht weniger wichtig als diese sozialen Rahmenbedingungen ist die *wissenschaftstheoretische* Einsicht, daß die Produktion von Erkenntnis eine nach eigenen Regeln funktionierende Tätigkeit ist und daß diese Regeln ebenso moralfrei sind, wie die Regeln, nach denen Obstbäume gezüchtet oder Autos konstruiert werden.

Zweitens. Meine These ist nicht, daß sich die Wissenschaft im Zuge ihrer Autonomisierung vollständig von aller Moral abgekoppelt habe. Im Gegenteil: so gewiß es innerhalb der Wissenschaft eine starke Tendenz in diese Richtung gibt, so gewiß gab und gibt es auch die gegenläufige Tendenz einer Einbindung der Wissenschaft in moralische Verpflichtungen. Dies zeigt sich schon daran, daß sich die von Maupertuis erhobenen Forderungen nicht haben durchsetzen können: die experimentelle Isolierung Neugeborener gilt bis heute als unmoralisch und die Instrumentalisierung von Häftlingen oder Heiminsassen für wissenschaftliche Zwecke ist während der letzten Jahrzehnte in zunehmendem Maße ethisch problematisiert und – obgleich nach wie vor praktiziert – verschärften Einschränkungen unterworfen worden. Schon auf der rechtlichen Ebene gilt, daß die im *Grundgesetz* garantierte Freiheit der Wissenschaft keine Absolution von allen rechtlichen Bindungen impliziert: der Wissenschaftler ist in seiner beruflichen Tätigkeit nicht minder als jeder andere auf den durch das *Grundgesetz* und das *Strafgesetzbuch* abgesteckten Rahmen verpflichtet. Abgesehen von den rechtlichen Schranken steht den Bestrebungen um eine Ausweitung des moralfreien Handlungsspielraums der Forschung eine in den vergangenen Jahren gewachsene Bewegung zur Einschränkung dieses Spielraums gegenüber. Die Debatten um Tierversuche, um die Freisetzung genetisch manipulierter Mikroorganismen oder um ein Embryonenschutzgesetz sind Beispiele dafür. Ohne daß hier das Für und Wider der verschieden an diesen Debatten beteiligten Positionen abgewogen werden kann, müssen diese Auseinandersetzungen als ein Indiz dafür gewertet werden, daß die moralischen Rahmenbedingungen wissenschaftlicher Tätigkeit nicht vollständig unter die Autonomie der Wissenschaft fallen. Was die Wissenschaft moralisch darf und/oder nicht darf, ist Gegenstand von öffentlichen Diskussionen, Interessenkämpfen und sozialen Aushandelungsprozessen, in deren – immer nur vorläufigem – Ergebnis der moralische und rechtliche Handlungsspielraum der Forschung definiert wird.

Anmerkungen

1. Maupertuis, *Vénus physique, suivi de la Lettre sur le progrès des sciences*. Paris 1980
2. Zitiert nach: Wolfgang van den Daele, Die soziale Konstruktion der Wissenschaft – Institutionalisierung und Definition der positiven Wissenschaft in der zweiten Hälfte des 17. Jahrhunderts. In: Gernot Böhme et. al., *Experimentelle Philosophie. Ursprünge autonomer Wissenschaftsentwicklung*. Frankfurt/M. 1977. S. 139
3. Ibid.
4. Vgl. Everett Mendelsohn, The Emergence of Science as a Profession in Nineteenth-Century Europe. In: Karl Hill (ed.), *The Management of Scientists*. Boston 1964. Sowie: Sydney Ross, Scientist: The Story of a Word. In: *Annals of Science* Vol. 18 (1962)
5. Den Begriff des „Rätsels" und der „Esoterik" verwendet Thomas S. Kuhn, *Die Struktur wissenschaftlicher Revolutionen*. Frankfurt/M. 1979, S. 51 ff.
6. Vgl. Alwin Diemer, Die Begründung des Wissenschaftscharakters der Wissenschaft im 19. Jahrhundert – Die Wissenschaftstheorie zwischen klassischer und moderner Wissenschaftskonzeption. In: Alwin Diemer (Hrsg.), *Beiträge zur Entwicklung der Wissenschaftstheorie im 19. Jahrhundert*. Meisenheim 1968
7. Zur Illustration eine hübsche Anekdote, die zeigt, daß der *Fortschritt* des Erkennens durchaus keine selbstverständliche Norm des Wissenschaftssystems zu sein braucht. Noch in der Mitte des 19. Jahrhunderts berichtete der Embryologe Karl Ernst von Baer, daß zu seiner Studienzeit „die freilich etwas alt gewordenen Statuten der Universität Königsberg" immer noch verlangten, „die Decane sollten bei der Durchsicht der Dissertationen dafür sorgen: *ne quid novi insit*". Bis zur Wende vom 18. zum 19. Jahrhundert waren die Universitäten mithin noch von den Normen des mittelalterlichen Wissenschaftssystems geprägt, das auf die Bewahrung und Explikation des gegebenen Wissens, anstatt auf die Erzeugung neuen Wissens orientiert war. Zit. nach Wolf Lepenies, *Das Ende der Naturgeschichte*. Frankfurt/M. 1978, S. 9
8. Vgl. Jost Herbig, *Die Gen-Ingenieure*. München 1978, S. 134 f.
9. Robert K. Merton, Wissenschaft und demokratische Sozialstruktur. In: Peter Weingart (Hg.) *Wissenschaftssoziologie I*. Frankfurt/M. 1972, S. 47 f. – Mertons Rekonstruktion des wissenschaftlichen Ethos muß heute als wissenschaftssoziologisch überholt gelten. Vgl. die Kritik von S. B. Barnes/R. G. A. Dolby, Das wissenschaftliche Ethos: ein abweichender Standpunkt. In: P. Weingart, *Wissenschaftssoziologie I*, op. cit. S. 263 ff. Richard Whitley, Black Boxism and the Sociology of Science: A Discussion of the Major Developments in the Field. In: P. Helmos (ed.), *The Sociology of Science*. University of Keele 1972. Zur empirischen Geltung der Mertonschen Normen vgl. die illustrative Materialsammlung von William Broad/Nicholas Wade, *Betrug und Täuschung in der Wissenschaft*. Basel etc. 1984. Eine stärker philosophisch orientierte Kritik liefert Helmut Spinner, Moral oder Methode? In: *Dialektik* Bd. 14. Köln 1987
10. So etwa bei Jacques Monod, der die Erkenntnis „zum höchsten Wert, zum Maß und Garanten aller übrigen Werte" erklärt. *Zufall und Notwendigkeit*. München 1975, S. 156
11. Max Born, Die Zerstörung der Ethik durch die Naturwissenschaft. In: Helmut Kreutzer (Hg.), *Literarische und naturwissenschaftliche Intelligenz. Dialog über die „zwei Kulturen"*. Stuttgart 1969, S. 185
12. Ein Beispiel für die sozialen Zwänge des Wissenschaftssystems ist der Rückzieher der von James Watson gemaßregelten Ursula Goodenough: „Obwohl ich gern offen über Dinge spreche, die mich wirklich berühren, beschloß ich, daß es in diesem Stadium meiner Laufbahn besser sei, den Kopf nicht gerade auf den Richtblock zu legen. Viele Leute schieden zur gleichen Zeit aus wie ich, vermutlich aus dem gleichen Grund." J. Herbig, *Die Gen-Ingenieure*, op. cit., S. 135
13. Dabei ist im übrigen daran zu denken, daß die freie Wissenschaft, wie sie an den Universitäten weitgehend betrieben werden kann, eher eine Randerscheinung unseres Wissenschaftssystems ist: nur 23% aller Wissenschaftler in der Bundesrepublik sind an Universitäten tätig, 60% hingegen in Forschungsinstituten der Wirtschaft

Wissenschaftsethos und philosophische Ethik

Ludwig Siep

Für Aristoteles war Wissenschaft, episteme, eine Tugend, eine der höchsten Formen des Gut- und Glücklichseins durch Betätigung des eigentlich Menschlichen in uns. Heute scheint Wissenschaft fast alles andere eher zu sein: eine Institution, ein Beruf, eine Technik – vielleicht eine Gefahr oder gar ein Laster. Sie soll durch „Ethik" gezähmt werden, und die Jurisprudenz, die Theologie oder die Philosophie sollen dazu beitragen. *Theoretisch* gehen in diese Richtung die Bestrebungen der medizinischen Ethik, der Bioethik und überhaupt der angewandten Ethik – *praktisch* die Einrichtung von „Kontrollorganen" wie Ethik-Kommissionen und -Beiräten auf verschiedenen Ebenen.

Bevor sie sich auf solche „Anwendungs-Aufgaben" einläßt, tut die philosophische Ethik gut daran, das vorhandene Ethos von Gruppen, Institutionen oder Kulturen zu studieren. Unter Ethos verstehe ich dabei zunächst die geschätzten oder gar normierten, sozial erwarteten oder gar sanktionierten Verhaltens-, Denk- und Empfindungsweisen. Erst wenn ein solches Ethos an Verbindlichkeit verliert oder von Problemen überfordert ist, könnten der philosophischen Ethik – gewissermaßen „subsidiär" – neue Aufgaben zuwachsen. Die Bestimmung solcher Aufgaben setzt daher eine Bestandsaufnahme des wissenschaftlichen Ethos und seiner möglichen „Lücken" voraus. Dazu möchte ich im folgenden beitragen. Ich schlage noch keine Lösung bestimmter wissenschaftsethischer Probleme vor, sondern frage, in welchem Feld sie liegen und mit welchen Mitteln sie zu lösen sind.

Wissenschaftsethos gibt es nach meiner Auffassung immer noch in einem dreifachen Sinne:
1. als Standesethos besonderer Wissenschaften,
2. als allgemeiner Verhaltens-, Gefühls- und Methodenkanon aller Wissenschaften und
3. als ethisches Ideal für Menschen überhaupt.

Andererseits ist kaum bestreitbar, daß dieses Ethos von innen in einem Wandlungs- und Umwertungsprozeß, vielleicht in einer Krise ist, und von außen unter dem Druck neuer oder wenigstens verschärfter Probleme steht. Beides möchte ich in Erinnerung rufen, bevor ich frage, was für Aufgaben die philosophische Ethik in dieser Situation hat. Meine Ausführungen haben daher drei Hauptteile: I. Das traditionelle Wissenschaftsethos, II. Wandlungen des Wissenschaftsethos von innen und außen, III. Aufgaben des Wissenschaftsethos und der philosophischen Ethik.

I. Das traditionelle Wissenschaftsethos

Meine Erinnerung an das traditionelle Wissenschaftsethos möchte ich gemäß dem oben erwähnten dreifachen Sinn von Wissenschaftsethos einteilen.

1. Das Ethos besonderer Wissenschaften

Daß in verschiedenen Wissenschaften unterschiedliche Verhaltensweisen gefordert sind, ergibt sich aus den unterschiedlichen Gegenstandsarten der Wissenschaften. Angemessener, sachgerechter Umgang mit den Gegenständen wissenschaftlicher Untersuchungen ist etwas anderes, wenn es sich um Menschen handelt, um Tiere oder Lebendiges überhaupt, um Kunstwerke, geschichtliche Denkmäler und Dokumente, um Texte, Kristalle, Atome, Apparate oder Zahlen. Die Schwierigkeiten des richtigen Umgangs mit solchen Gegenständen wachsen nicht nur mit der Komplexität, mit der Empfindlichkeit und Empfindungsfähigkeit, mit der Eigenständigkeit und Einmaligkeit, sondern auch mit der Vielzahl der Methoden und Gesichtspunkte, die ich – in vielleicht unterschiedlichen Graden der Sachangemessenheit – auf denselben Gegenstand anwenden kann. Methoden der Quantifizierung und Verallgemeinerung können „Unikate" nie vollständig erfassen, und Sichtweisen, die etwas zum Objekt unserer experimentellen oder operativen Handhabung machen, „entsprechen" einem „Gegenstand" nicht vollständig, der – wie der Mensch – sich selbst versteht und bestimmt und der von anderen als solcher anerkannt werden will. Trotzdem kann es notwendig und richtig sein, „objektivierende" Methoden auf denselben Gegenstand anzuwenden, der zugleich andere Zugangsweisen erfordert. Aus den Überschneidungen, Ergänzungen und Gewichtungen solcher Perspektiven und Methoden ergeben sich eine Reihe „standesethischer" Probleme der Wissenschaften. Das gilt im besonderen für Medizin und Psychologie, aber auch für alle Sozial- und Geisteswissenschaften, in denen mathematische und experimentelle Methoden anwendbar sind und etwa auch für die Teile der Biologie, die es mit interpretationsbedürftigen Lebensäußerungen zu tun haben.

2. *Das Ethos von Wissenschaft überhaupt*

Seit alters werden an jeden, der Wissenschaft gleich welcher Art, welchen Inhalts und welcher Methode betreibt, Verhaltensanforderungen gestellt, die teils auf der emotionalen, teils auf der intellektuellen, teils auf der sozialen Ebene liegen.

Auf der *emotionalen* ist es das Schweigen aller Leidenschaften, Interessen und Wünsche, die nichts mit der Lösung der gestellten Aufgabe zu tun haben. Für die allerdings wird leidenschaftliche Hingabe, Opfer- und Enttäuschungsbereitschaft sowie Aufrichtigkeit bis zum Zugeständnis des Scheiterns aller wissenschaftlichen Hoffnungen erwartet – mit allen Folgen für das „Selbstwertgefühl" des Aufrichtigen. Das sind nicht gerade leicht zu erfüllende Erwartungen. Vorurteilslosigkeit, Aufrichtigkeit und Selbstkritik gehören zu den *intellektuellen* „Tugenden", die in der Wissenschaft nicht als ungewöhnlich gepriesen, sondern gewissermaßen zum Funktionieren des „Systems" vorausgesetzt werden. Dazu kommt Klarheit und Nachprüfbarkeit der Methoden und Ergebnisse, Strenge und Konsistenz von Gedankenführung und Darstellung, Begründung und Verantwortbarkeit der Aussage, Urteilsenthaltung je nach Wissensstand und anderes mehr. Auf der *sozialen* Ebene liegen die Normen der Öffentlichkeit, Fairneß und Lauterkeit des Wettbewerbs der Ideen und Methoden sowie – vor allem heute – der Anwerbung von Mitteln und der „Vermarktung" von Ergebnissen. Schließlich stellt der innerwissenschaftliche Dialog eigene hohe Anforderungen der Harmonisierung von strenger Wahrheitsverpflichtung einerseits und Humanität im rhetorischen Umgang miteinander andererseits – die Rede vom „Zitierkartell" oder der „vernichtenden" Kritik zeigt – hoffentlich – das Bewußtsein der Nicht-Erfüllung von für gültig erachteten Normen.

3. *Wissenschaft als ethisches Ideal*

Trotz der vielen Schwankungen, die die Bewertung von Wissenschaft und Theorie in der europäischen Geistesgeschichte durchgemacht hat – Hans Blumenberg hat sie in einigen seiner Bücher detailliert und spannend nachgezeichnet[1] –, kann man sagen, daß der Erwerb und Besitz von Wissenschaft sowie die dazu notwendigen Verhaltensweisen traditionell ein geschätztes Ethos darstellen. Für meinen Zweck möchte ich wieder drei Aspekte unterscheiden: einmal Wissenschaft als Tugend, zum zweiten der Wissenschaftler – bzw. seine historischen „Ahnen", der Philosoph und der Weise – als Ideal der Lebensführung und drittens die Bildung des Charakters durch Angleichung an das Gewußte.

a) Zum Thema Wissenschaft als Tugend habe ich anfangs Aristoteles als Kronzeugen genannt: Wissenschaft ist die Entwicklung und Betätigung *der* Fähigkeiten, die den Menschen von der übrigen ihm bekannten Welt unterscheiden, die für ihn daher die höchsten sind und ihm die Erfüllung seiner besonderen Funktion – seines „ergon" – im Kosmos gestatten. Darin liegt sein Gut-Sein, seine Erfüllung und seine gattungsmäßige Selbstverwirklichung. Wissenschaft (episteme) als „dianoetische Tugend" ist in den ethischen Schriften des Aristoteles und in der aristotelischen Tradition nicht techne, sondern praxis, Tätigkeit, die ihren Sinn in sich selbst hat.

b) Der Wissenschaftler – bzw. der im Anfang und den ersten Phasen der Entwicklung europäischer Wissenschaft davon nicht unterschiedene Philosoph oder Weise – hat traditionell auch eine Reihe von *besonderen* Tugenden, Werten oder Idealen verkörpert, die für jeden Menschen vorbildlich waren: dazu gehören vor allem Wahrheitsliebe und Autarkie im geistigen, sozialen und oft auch körperlichen Sinne: im geistigen als Vorurteilslosigkeit und Begründung des Urteils nur auf eigene oder nachvollzogene Evidenzen, im sozialen als Unabhängigkeit von allen geltenden sozialen Konventionen und Erwartungen – und im körperlichen Sinne durch Bedürfnislosigkeit, Maß oder sogar Askese. Dazu gehört auch die Bescheidenheit und Beschränkung des Urteils durch die Einsicht in die Grenzen der Wissenschaft bzw. das „Wissen des Nicht-Wissens". Sokrates, die Verkörperung dieses Ideals, wird auch in der christlichen Tradition gelegentlich neben Jesus gestellt. Und noch in unserem Jahrhundert sind zumindest Teile dieses Ideals von Wissenschaftlern und Philosophen bekräftigt worden – von so unterschiedlichen wie Husserl und Wittgenstein.

c) Am stärksten dem Wandel unterworfen ist vielleicht der dritte Aspekt von „Wissenschaft als Ethos": die Angleichung an die Unvergänglichkeit und Verläßlichkeit, die Ordnung und das Maß, die Zweckmäßigkeit und Schönheit der Gegenstände von Wissenschaft. Solche Gegenstände waren ursprünglich vor allem die ewigen Gesetze und gar nicht anders denkbaren Prinzipien, die harmonische und zweckmäßige Natur, der gesetzmäßige Wille Gottes in seiner Schöpfung – aber auch die Erhabenheit historischer Gestalten und Taten sowie die vergänglichkeitsüberschreitenden Werke des Menschen in der Geschichte. Sich im Wissen an solchen Gegenständen orientieren, auf solche Vorbilder, Prinzipien, Gründe gestützt handeln, galt lange Zeit als in hervorragender Weise charakterbildend – zumal in den rationalistischen Strömungen der Ethik von Platon bis Kant nur der Gute widerspruchsfrei handeln kann, ein völlig konsistenter Bösewicht dagegen nicht denkbar ist.

Nach dieser Skizze der verschiedenen Aspekte des traditionellen Wissenschaftsethos möchte ich kurz auf den inneren Wandel und die neuen äußeren Anforderungen an das Wissenschaftsethos eingehen (II,1) – um dann zu fragen, wo Wissenschaftsethos allein diese Probleme lösen kann und wo sie nur im Verbund mit philosophischer Ethik lösbar sind (II,2).

II. Der Wandel des Wissenschaftsethos und die neuen Anforderungen

1. Die Wandlungen des Wissenschaftsethos selber reichen bis in die Anfänge der Neuzeit zurück. Sie betreffen sowohl den Status der Wissenschaftsgegenstände wie das Verhältnis der Theorie zu ihrem Gegenstand – und sie betreffen auch die Verhaltensweisen des Wissenschaftlers. Die Änderungen der an dieses Verhalten gerichteten Erwartungen gehen freilich auch auf veränderte Schätzungen sozialen Verhaltens zurück, an denen die philosophische Ethik nicht unbeteiligt ist. Ich kann hier wieder nur eine grobe Skizze geben und muß dabei oft von dem Bild ausgehen, das die Wissenschaft dem sie beobachtenden Laien bietet.

a) Was die Inhalte der Wissenschaft angeht, so scheinen wir es heute nicht mehr primär – und zwar weder in den Natur- noch in den Geistes- und Sozialwissenschaften – mit wohlgeordneten, zweckmäßigen, für menschliches Verhalten vorbildlichen Gebilden und Gesetzmäßigkeiten zu tun zu haben. In vielen Gegenstandsbereichen von der Physik über die Astronomie und die Biologie bis zur Sozialgeschichte nehmen die Bedeutung von Chaos, Zufall, Kampf und „Unterwerfung" zu.[2] Die Gründe dafür liegen nicht einfach in der genaueren Einsicht in die Komplexität der untersuchten Strukturen, sondern auch in der Gegenstandswahl und im „Vorverständnis" von Natur und Menschenwelt, das natürlich oft auch philosophisch und theologisch beeinflußt ist.

Was die Gegenstandswahl betrifft, so kennt die neuzeitliche Wissenschaft keine „Bedeutungshierarchie" mehr. Jeder Gegenstand, über den systematisches Wissen erwerbbar und mitteilbar ist, ist gleich erforschenswert. Faktisch scheint sich das Interesse freilich immer mehr auf den Menschen und die Verbesserung seiner Lebensbedingungen verschoben zu haben. Darauf bezogen erschien die Natur schon den philosophischen Bahnbrechern der empirischen Forschung der Neuzeit, etwa Francis Bacon oder John Locke, nicht mehr als vollkommen zweckmäßig und vorbildlich. Sie kann vielmehr durch menschliche Eingriffe verbessert, gesteigert oder „repariert" werden – ein Naturverständnis, das sich weitgehend durchgesetzt zu haben scheint und auch für die Evolutionstheorie und ihren Begriff der Fitneß inzwischen wirksam geworden ist.[3]

Den Änderungen im Verständnis der Natur und anderer Wirklichkeitsbereiche scheinen die Veränderungen in Methode und Aufbau der Wissenschaften zu entsprechen. Nicht mehr das abgeschlossene System eherner Gesetze und endgültiger, vollständiger Klassifikation scheint das Bild der Wissenschaft – und vielleicht auch ihr Ziel – zu bestimmen, sondern ein „holistisches" Gebäude aus revidierbaren Prinzipien, modifizierbaren oder austauschbaren mathematischen Modellen, Wahrscheinlichkeitsgesetzen und oft kurzlebigen Hypothesen – ein Gebäude, bei dem jede „Peripherieänderung" den gesamten Bau ständig verschiebt. Wissenschaft erscheint nicht mehr als das Aufsuchen und Darstellen ewiger Ordnungen und Stabilitäten, sondern als ein oft durch eigene Eingriffe und Veränderungen gewonnener, stets korrigierbarer Einblick in komplexe, offene Prozesse. Ob eine solche Wissenschaft nicht mehr „charakterbildend" sein kann, ist damit freilich noch nicht entschieden. Vielleicht bildet sie einen anderen, lern- und kommunikationsfähigeren Charakter, der in den sich wandelnden Konstellationen der natürlichen, technischen und sozialen Welt neue, modifizierbare Ordnungen und „Harmonien" zu entdecken vermag. Solche Ordnungen dürfen sich freilich nicht auf die bloße Anpassung des Verhaltens an die selbstgeschaffene Technisierung beschränken.

b) Die Umwertung der emotionalen und sozialen Verhaltensweisen des Wissenschaftlers ist nämlich heute vielleicht am ehesten durch einen anderen Wandlungsprozeß bedingt: das gewandelte Verhältnis von Theorie und Praxis. Neuzeitliche Wissenschaft ist weitgehend „Herstellenkönnen", im Experiment, in der Prognose und der technischen Anwendung. Schon früh hat sie die Verbesserung von Natur und Mensch – als Technik, Medizin und Gesellschaftstheorie – unter ihre Erkenntnisziele aufgenommen, wenngleich zunächst nicht als primäres. Heute aber ist es feste Erwartung der Gesellschaft und primäres Motiv ihrer immer gewaltigeren Investitionen: „Spitzenforschung" führt zu neuen Produkten der Lebenserhaltung und Lebenserleichterung – auch der Erleichterung des Gefühls der Last des bloßen Daseins, der Langeweile, durch die Geräte des Zeit-Vertreibs. Sie sichert dadurch den Volkswohlstand, die Konkurrenzfähigkeit der Industrie und die Arbeitsplätze.

c) Auch daraus resultieren Umwertungen wissenschaftlicher Tugenden: Emotionslosigkeit gilt oft als Zynismus und soll durch Sensibilität für gesellschaftliche Sorgen sowie Engagement für die Verbesserung der Lebensbedingungen ersetzt werden. Urteilsenthaltung und Einsicht in die Grenzen der Wissenschaft kann als Entscheidungsschwäche und Rückzug in den Elfenbeinturm gelten. Das ist keineswegs nur Inhalt der sogenannten „systemverändernden" Wissenschaftskritik, sondern gilt auch für die Erwartung fortschritts- und forschungsfreundlicher Gesellschaftskreise und ist von vielen Wissenschaftlern internalisiert worden.

2. Das betrifft die zweite Seite der Wandlung des Wissenschaftsethos: die äußeren Anforderungen an das Wissenschaftsethos bzw. den gewachsenen Problemdruck aus der sozialen Umgebung der Wissenschaft. Ich brauche das nur anzudeuten. Forschung, vor allem naturwissenschaftliche Großexperimente, sind in wachsendem Maße auf gewaltige Mittel und damit die Gunst staatlicher und privater Geldgeber angewiesen. Wissenschaftler fühlen sich verpflichtet, dafür in über-

schaubarer Zeit Gegenleistungen in Gestalt verwertbarer, öffentliche Interessen fördernder Ergebnisse zu liefern. Definiert werden diese Interessen von Politik, Wirtschaft und Medien. Oft – und gerade in den Geisteswissenschaften – hat man den Eindruck, daß solche Bedürfnisse erst erzeugt werden: Debatten über alle möglichen Krisen, Wenden und Epochenumbrüche – man denke nur an die Debatte über die „Postmoderne" – werden mit Hilfe der Medien entfacht und dann durch Forschungsprogramme „gespeist".

Wie auch immer – der Druck auf den einzelnen Forscher ist durch Veränderungen im „System" Wissenschaft und dessen Konsequenzen für die Gesellschaft gestiegen. Der einzelne muß sich in einer gewaltig gewachsenen Masse anonymer Konkurrenten in aller Welt durchsetzen, er muß schnell sein, auffallen, aktuell und „innovativ" sein. Forschung ist sein Beruf, sichert seine Existenz, und seine Laufbahn ist oft – gerade bei den jüngeren Wissenschaftlern – so riskant wie die von Top-Managern. Vergleicht man mit dieser Situation die überdurchschnittlichen, teilweise „heroischen" Anforderungen des traditionellen Wissenschaftsethos, so wird wenigstens ein Teil der Probleme verständlich.

Etwas prononciert lassen sich diese Bemerkungen zur Krise des Wissenschaftsethos vielleicht so zusammenfassen: Die Maßstäbe und Vorbilder in Gegenstand, Methode und Verhaltensweise sind relativiert, teilweise zweideutig geworden; die Verantwortung durch die oft weitreichenden Folgen wissenschaftlicher Innovationen gestiegen, die Unabhängigkeit durch die finanzielle Angewiesenheit und den öffentlichen Erwartungsdruck gesunken, die Verführung zum schnellen, leichtsinnigen, auffälligen Resultat unter Verletzung anerkannter Regeln gewachsen.

III. Aufgaben des Wissenschaftsethos und der philosophischen Ethik

Ich komme zum dritten Teil: welche Probleme sind mit welcher Art von Ethos oder Ethik zu lösen?

Hier sollte man wieder standesethische Probleme einzelner Wissenschaften (1) von denen des allgemeinen Wissenschaftsethos (2) unterscheiden. Und beim Standesethos noch einmal solche wissenschaftlicher Methode und sozialer Verhaltensweise von denen des sachgerechten Umgangs mit den Objekten der Wissenschaften.

1. Unter Probleme der ersten Art fallen die Manipulation von Ergebnissen und Methoden, der Verstoß gegen Vorschriften von Standesorganisationen oder staatliche Gesetze, die Verletzung von Fairneß, Aufrichtigkeit und Öffentlichkeit. Solche Probleme sind *ethisch* durch das Standesethos der entsprechenden Wissenschaften zu lösen. Das Problem der Durchsetzung und Sanktion ist keine ethische Frage. Viel schwieriger sind die Probleme der adäquaten Behandlung der Gegenstände von Wissenschaften: seien es Patienten, Embryonen oder lebensunfähig Geborene, psychologische Testpersonen, Angehörige fremder Kulturen oder sozialer Schichten, Tiere und Pflanzen als Gegenstände von Experimenten und Züchtungen, Kunstwerke, Denkmäler, natürliche Ressourcen und künstliche Stoffe mit gewaltigen potentiellen Auswirkungen auf Mensch und Natur.

Mir scheint, daß hier eine „subsidiäre" Aufgabe für philosophische Ethik gegeben ist. Um Beispiele zu nennen: Wieviel Selbstbestimmung oder Vertrauensbereitschaft kann man einem Patienten oder Gesunden bei einem Therapie- oder Arzneimittelversuch zumuten? Wo liegen die Grenzen und richtigen Verhaltensregeln im Tierexperiment? Welches von der Industrie vorgeschlagene Experiment dient eher Geschäftsinteressen als Interessen der Kranken, der Studierenden, der Forschung? Wieviel Fortschritt verspricht es im Verhältnis zum Aufwand? Sicher sind Entscheidungen meistens situationsgeforderte Einzelentscheidungen des Arztes, Forschers oder Beraters, aber allgemeine Kriterien der angemessenen Behandlung von Menschen, Tieren, Pflanzen, Kunstwerken etc. kann der philosophische Ethiker im Dialog mit ihm zu erarbeiten suchen. Dazu gehört eine Interpretation und Rekonstruktion des Standesethos sowie der Regeln und Prinzipien eines Gemeinwesens, was auch die Kompetenz des Rechtswissenschaftlers erfordert. Aber schließlich gehört dazu auch die Arbeit an einer Bestimmung der wesentlichen Eigenschaften, Rechte und Pflichten des Menschen sowie der Eigenschaften anderer Objekte von Wissenschaft, die eine sachgerechte Behandlung erfordern, aber von der Perspektive der einzelnen Wissenschaft nicht vollständig erfaßt werden. Hier berühren sich die Probleme des Standesethos, der angewandten Ethik und der Philosophie insgesamt am engsten.

Um noch einmal ein Beispiel zu nennen: ist der menschliche Körper eine Sammlung von Organen, die sein „Besitzer", sein Erzeuger, oder gar die Gesellschaft verbessern oder in seiner Leistung auch mit „technischen" Mitteln steigern darf – etwa gentechnischen oder sportmedizinischen Mitteln? Kann der Besitzer seines Körpers „Teile" ohne Heilungsabsicht austauschen oder vermieten – wie bei Leihmutterschaft oder Organtransplantationen bestimmter Art? Das sind Fragen, die nicht nur medizinisches Standesethos, sondern auch unsere grundlegenderen Begriffe von Person und Autonomie, Körper und Organismus, Natur und Natürlichkeit, Normalität, Gesundheit und Leistung betreffen. Sie sind weder im common sense noch in den Gesetzen so eindeutig gefaßt, daß sie ohne philosophische Reflexion in solchen schwierigen Fällen anwendbar wären.

2. Ich komme abschließend zum Problem des Ethos von Wissenschaftlichkeit überhaupt. Auch die Frage, wieweit die Umwertung der Interesselosigkeit und der Unabhängigkeit von sozialen Erwartungen gegenüber dem Engagement für Menschheitsprobleme, oder die Umwertung von Urteilsenthaltung und Gelehrsamkeit gegenüber Aktualität und „Relevanz" berechtigt ist oder nicht, kann nur im Dialog zwischen Wissenschaft und Philosophie geklärt werden. Ebenso scheint es mir eine Frage an Naturwissenschaft, Naturphilosophie und Ethik, ob Natur nicht immer noch vorbildliche Züge enthält – Vorbilder der Balance und Selbstregulierung, der Symbiose und Selbstregeneration, sowie der wechselseitig vorteilhaften Kooperation zwischen Individuen oder Arten, Tieren und Pflanzen. Die neuzeitliche Diskussion über das Verhältnis von Sein und Sollen schließt sicher eine schlichte Nachahmung der Natur aus – aber nicht eine Betrachtung, die Probleme der Menschenwelt und des Verhältnisses zur Natur mit „Modellen" lösen hilft, die in der Natur selber ausgebildet sind. In diesen Betrachtungen hätte auch die Soziobiologie eine vernünftigere Funktion als in der Wiederaufwärmung biologistischer Entlarvungen von Moralität und Willensfreiheit.

Zu den Hauptthemen des Dialogs der Philosophie mit den Wissenschaften gehört der „Anwendungscharakter" neuzeitlicher Wissenschaft. Die Hoffnung auf gesellschaftlich nützliche

Anwendbarkeit gehört, wie schon erwähnt, zum Selbstverständnis neuzeitlicher Naturwissenschaft – die Furcht vor unkontrollierbar verheerender Anwendung vornehmlich zu ihrem letzten Stadium. Wie berechtigt diese Furcht ist, scheint mir noch klärungsbedürftig – die meisten „großtechnischen" Anwendungen (incl. der Kerntechnik und der technisierten Medizin) gehen immerhin auf politische bzw. gesellschaftliche Entscheidungen zurück. Aber der Einbezug von Entdeckungs- und Technikfolgenüberlegungen in die Entscheidung über Forschungsziele ist dem neuzeitlichen Wissenschaftsethos nicht fremd. Eine staatliche Einschränkung „gefährlicher" Forschung ist freilich der neuzeitlichen Befreiung der Wissenschaft von Religion und Staat entgegengesetzt. Trotzdem lassen sich Grenzfälle denken – wenn die Gefahrenvermutung wirklich begründet und die Selbstbeschränkung der Wissenschaftler wirkungslos ist –, in denen auch solche Maßnahmen noch mit den Prinzipien eines Gemeinwesens vereinbar sind, das Wissenschafts- und Forschungsfreiheit zu den Grundrechten zählt. Nicht durch jede gesetzliche Einschränkung ist ja deren „Wesensgehalt" tangiert.

Was Philosophie und philosophische Ethik im Dialog mit den Wissenschaften darüber hinaus leisten können, läßt sich zusammenfassen in drei Kritik- und zwei Begründungsaufgaben:

1. Kritik im Sinne von Grenzziehung im Blick auf die Tragweite wissenschaftlicher Aussagen. Wieviel davon ist in welchem Maße gesichert oder nur „gut belegt"? Zu welchen Gegenständen sind alternativlose Gesetzesaussagen überhaupt möglich? In welchen Bereichen können verläßliche Prognosen gestellt werden? Es war nicht zuletzt der übertriebene Anspruch der Wissenschaften selber, der zum Umschlag in Wissenschaftsskepsis oder gar -feindschaft geführt hat. Diese Kritikaufgabe kommt in erster Linie der Wissenschaftstheorie zu, aber sie hat Folgen für das wissenschaftliche Ethos.

2. Die zweite Aufgabe der Kritik betrifft eine Grenzziehung zwischen den Methoden und Sichtweisen von Wissenschaften. Die Geschichte der neuzeitlichen Wissenschaft und ihrer sozialen Folgen ist durch eine Reihe verhängnisvoller Verabsolutierungen erfolgreicher Methoden gekennzeichnet. Der Erfolg einer wissenschaftlichen Methode – von so konkreten wie Meinungsumfragen bis zu so allgemeinen wie der Mathemati-

sierung – darf nicht verdecken, daß Entitäten, die komplizierter sind als Zahlen, Elementarteilchen oder chemische Verbindungen, in der Regel nicht unter der Perspektive einer Wissenschaft oder Wissenschaftsgruppe adäquat erfaßt werden können. Die Probleme der sogenannten „Apparatemedizin" legen davon ebenso Zeugnis ab, wie das periodisch wiederkehrende Scheitern von physikalistischen oder biologistischen Ansätzen in den Sozial- und Geisteswissenschaften. Diese Kritik ist nicht mehr bloß Aufgabe der Wissenschaftstheorie, sondern auch der philosophischen Ethik bzw. der praktischen Philosophie.

3. Die dritte Aufgabe der Kritik betrifft die Erwartungen der Öffentlichkeit an Wissenschaft – nicht nur, was deren Sicherheit und Verläßlichkeit, sondern auch, was ihre Brauchbarkeit und die Bedürfnisse nach ihren „Produkten" angeht. Von der Wissenschaft dürfen nicht in erster Linie Hilfeleistungen für die Gesundheit, Sicherheit, Bequemlichkeit usw. des menschlichen Lebens erwartet werden, sondern primär Verständnis der Zusammenhänge und der Herkunft von Natur und Mensch, Aufklärung über soziale, psychische und sprachliche „Mechanismen", über die Produktion und den adäquaten Genuß künstlerischer und wissenschaftlicher „Meisterwerke" – in Maßen sogar die Produktion solcher Meisterwerke selber.

Das eigentliche Feld der philosophischen Ethik betreten wir mit den beiden Begründungsaufgaben. Die erste betrifft die positiv eingeschätzten Eigenschaften, Verhaltensweisen und Entwicklungsmöglichkeiten von Mensch und Natur. Wie begründen wir die positive Bewertung oder sogar den unbedingt gebotenen Respekt vor Selbständigkeit und Selbstentwicklung, Integrität und Harmonie bzw. wechselseitiger Ergänzung, Kooperation und Fairneß? Wie begründen wir „Sachgerechtigkeit" als eines der obersten Kriterien richtigen Handelns[4], dessen Spezifizierung für die jeweiligen „Sachregionen" das Problem der wissenschaftlichen Standesethiken ausmacht?

Schließlich die letzte und schwerste Begründungsaufgabe: Wie begründen wir, daß wir richtig handeln wollen oder sollen? Aus der Vernunft, der Natur oder der Sprache? Aus Notwendigkeiten des Überlebens der Gattung? Oder ist der Wille zu richtigem Handeln wie der zu richtiger Erkenntnis ein letztes, unbegründbares, mit den Menschen gegebenes „Faktum"?

Der Wille zu richtiger Erkenntnis reicht aber nicht zur Ausbildung eines Ethos – selbst wenn er uneingeschränkt schätzenswert wäre, folgten daraus keine Regeln für das Verhalten der Menschen zueinander. Ein Ethos ist immer ein Komplex von Forderungen und Idealen des Handelns in einer Gemeinschaft. Es geht dabei nicht nur um Selbsterhaltung und Konfliktverminderung, sondern um die Entfaltung der „eigensten Möglichkeiten" des Menschen. Gewiß sollte ein Ethos weder den Menschen noch die Natur überfordern. Sollten die ethischen Gehalte der Wissenschaften sich aber auflösen, könnte der Mensch sich in einer ethisch anspruchslosen technisierten Konsumgesellschaft einrichten und sich deren „Sachzwängen" selber technisch anpassen. Die Natur allerdings könnte er dabei überfordern. Es scheint, daß zum moralischen wie physischen Überleben der Dialog zwischen Wissenschaften und philosophischer Ethik notwendig ist.

Anmerkungen

1 Vgl. zuletzt Hans Blumenberg, Das Lachen der Thrakerin. Eine Urgeschichte der Theorie. Frankfurt/M. 1987
2 Vgl. dazu Hermann Haken, Erfolgsgeheimnisse der Natur. Stuttgart ³1981. Haken verwendet sogar die Metapher der „Versklavung" (a. a. O. S. 47)
3 Vgl. dazu Kurt Bayertz, GenEthik. Hamburg 1987. S. 191 ff.
4 Vgl. vom Verf., Kriterien richtigen Handelns. In: Walter Brüstle/Ludwig Siep (Hrsg.), Sterblichkeitserfahrung und Ethikbegründung. Essen 1988

Rechtswissenschaft und Ethik

Gerhard Robbers

I

Rechtswissenschaft ist schon immer mit Ethik verbunden. Ihr Gegenstand, das Recht, ruht auf dem Gegenstand der Ethik, der Moral. Das Recht verfügt gegenüber der Moral über andere Mittel, seine Gebote durchzusetzen. Recht als Normierung richtigen Verhaltens und richtiger Struktur der Gemeinschaft hat aber als Fundament die Moral. Ihre Inhalte bestimmen die Inhalte des Rechts, jedenfalls zum wesentlichen Teil. Das Recht kann sich von der Moral emanzipieren, aber es darf dies nicht tun, der Preis wäre der Verlust seines wesentlichen Gehaltes. Rechtswissenschaft ohne Ethik handelte deshalb von einem Recht ohne Moral.[1]

Die Fragestellung, die damit aufgeworfen ist, kennzeichnet ein altes, vielfältig variiertes Thema der Rechtswissenschaft. Aber sie gibt nur einen ersten vagen Hinweis auf das Problem, vor das sich jeder gestellt sehen muß, der über richtiges Verhalten und richtige Gestaltung im Gemeinwesen nachdenkt: welche Maßstäbe für das eigene richtige Handeln bestehen. Es ist dies die Frage, welche Anforderungen die Ethik an die Rechtswissenschaft als Wissenschaft stellt. Wie bei wohl jeder Wissenschaft kann dabei zwischen wissenschaftsimmanenter Ethik und wissenschaftsexterner Ethik unterschieden werden. Einmal wird danach gefragt, welche ethischen Voraussetzungen für Wissenschaftlichkeit selbst bestehen. Mit Wolfgang Trillhaas[2] wären das die Forderungen nach Wahrheit und Ehrlichkeit, nach Problembewußtsein und eigenständigem Denken. Wissenschaftsexterne Ethik dagegen fragt nach den Voraussetzungen und Folgen der Wissenschaft. Man kann aber auch noch weiter unterscheiden. Ethik der Rechtswissenschaft ist zunächst Gegenstand der Ethik als selbständiger, der Rechtswissenschaft gegenüberstehender Disziplin. Demgegenüber kann und muß wegen der engen Verknüpfung von Recht und Moral aber auch gefragt werden, inwieweit Rechtswissenschaft selbst Ethik darstellt, ethische Anforderungen an die Rechtswissenschaft selbst im Grunde genuin rechtswissenschaftliche Anforderungen sind. Vor allem um diese letzte Frage soll es im folgenden gehen.

II

Die Annäherung an den Versuch einer Antwort setzt die Auseinandersetzung mit dem Wissenschaftscharakter der Jurisprudenz voraus. Eine Möglichkeit, das Problem mit einem Schlage weitgehend zu lösen, bietet der Rechtspositivismus. Sieht man von mancherlei Schattierungen ab, geht es im Kern darum, den Begriff des Rechts von der Moral gänzlich unabhängig zu bestimmen. Gültiges Recht könne danach als Recht jeden beliebigen, also unter Umständen auch einen extrem unmoralischen Inhalt haben.[3] In der Konsequenz wird Rechtswissenschaft mit Rechtsdogmatik identifiziert, die der Rekonstruktion von Rechtssätzen gewidmet ist. Als solche abstrahiert sie von den Wertgehalten rechtlicher Normen und erschöpft sich in der logischen Durchdringung ihres Gegenstandes. Eigene Wertungen zu setzen wäre ihr als Wissenschaft verwehrt. Der Rechtspositivismus erfüllt eine wesentliche rechtsstaatliche Funktion, indem er das berechtigte Anliegen vertritt und durchsetzt, die Rechtsordnung erkennbar, in sich möglichst widerspruchsfrei und damit berechenbar zu erhalten. Hierfür ist auch die Konzentration auf den positivistischen Rechtsbegriff legitim. Verfehlt sind aber solche Rechtspositivismen, die sich absolut setzen. Positivistische Rechtswissenschaft ist stets nur Teil der Rechtswissenschaft insgesamt, kennzeichnet eine sinnvolle, aber auch eine nur partielle Fragestellung.

Ethik der Rechtswissenschaft kann als rechtswissenschaftliche Fragestellung hier nur als wissenschaftsimmanente Ethik bestehen. Immerhin hat sie hier einen unaufgebbaren Ort. Reinheit der Methode und Ehrlichkeit der Darstellung, im wesentlichen Einhaltung der Regeln der Logik wären die primären Forderungen. Voraussetzungen und Folgen ihrer Arbeit aber entziehen sich diesem positivistischen Verständnis als rechtswissenschaftliche Fragestellung. Deren Feststellung und Bewertung bleibt anderen Kriterien und meist auch anderen Kompetenzträgern vorbehalten.

Ähnlich steht es mit der sozialtechnologischen Deutung der Rechtswissenschaft durch Vertreter des kritischen Rationalismus.[4] Es erscheint zunächst einleuchtend, wenn darauf hingewiesen wird, daß die Aussagen der Rechtswissenschaft über das Recht von den Normen des Rechts unterschieden werden müßten. Diese Aussagen über die Regeln des Rechts trügen selbst keinen normativen Charakter. Die Rechtswissenschaft entwickele lediglich Deutungsvorschläge über Rechtsnormen und Vorschläge für die Modifikation und Ausgestaltung des Rechtssystems, aus denen nicht sie selbst, sondern der Richter und der Gesetzgeber auszuwählen hätten.[5]

Auch diese Theorie der Rechtswissenschaft schiebt letztlich die praxisorientierte Bewertung des Rechts von sich weg auf außerwissenschaftliche Kompetenzträger. Auch sie kann und muß ein Methodenethos besitzen, vermeidet es aber, die Berücksichtigung der sozialen Folgen ihrer Ergebnisse als genuin rechtswissenschaftliche zu verstehen.

Über diese Selbstbeschränkung hinaus geht die Rechtswissenschaft als politische Wissenschaft, wie Ulfrid Neumann sie vertritt.[6] Rechtswissenschaft sei zur substanziellen Kritik rechtlicher Entscheidungen aufgerufen und besitze einen transpositiven Maßstab der Bewertung des Rechts in der Wahrheit von Rechtssätzen. Wahrheit wird dabei freilich ganz im Sinne der Konsenstheorie verstanden, indem mit Jürgen Habermas festgestellt wird: „Bedingung für die Wahrheit von Aussagen ist die potentielle Zustimmung aller anderen".[7]

Verweist hier die Potentialität der Zustimmung lediglich auf deren faktische Möglichkeit, so wird die Berücksichtigung der Folgen wissenschaftlicher Ergebnisse freilich wieder nur verteilt auf viele Schultern, ein soziologischer Positivismus nicht überwunden. Sollte andererseits die potentielle Zustimmung aller anderen in verpflichtenden Maßstäben gebunden sein und damit die Möglichkeit kollektiven Irrtums fortbestehen, wäre man doch wieder bei der von Neumann verworfenen Korrespondenztheorie der Wahrheit, die die Entsprechung der Aussage mit einem vorgegebenen Sein zum Maßstab nimmt.

Auf ein wesentliches Faktum weist freilich diese Auffassung von Rechtswissenschaft hin: Rechtswissenschaft ist eine Diskussionswissenschaft, und in dieser Bestimmung liegt die notwendige Beziehung von Rechtswissenschaft und Ethik begründet, erfährt dieses Verhältnis seine nähere Ausgestaltung.

Rechtswissenschaft ist nicht lediglich Diskussionswissenschaft als Wissenschaft über eine Diskussion. Sie ist dies zwar auch, indem sie die unterschiedlichen Auffassungen über

Rechtsnormen sammelt, sichtet, gutheißt oder verwirft. Aber sie ist vor allem Wissenschaft in der Diskussion, im Diskutieren. Sie kann sich von dieser Diskussion um das Recht nicht emanzipieren, indem sie etwa nur Aussagen über Rechtssätze träfe. Die Rechtswissenschaft erzeugt notwendig ihren eigenen Gegenstand in der Beschreibung dessen, was Recht ist. Dies ist deshalb der Fall, weil Rechtsnormen erst in der Interpretation und im Verstehen ihrer sprachlichen Formulierung existieren. Ohne dieses Begreifen durch die Interpreten bliebe die geschriebene Norm eine Ansammlung bloßer Zeichen, der gesprochene Rechtssatz bloße Lautfolge. Die sinnsuchende Deutung dieser Sätze bleibt aber von der persönlichen Konstitution des Interpreten, seinem Verstehenshorizont und eigenen Wertvorstellungen abhängig; besonders aber von der Sinnvariabilität und Sinnbreite sprachlichen Ausdrucks, ebenso wie von der Notwendigkeit, einen Bezug zwischen Norm und normgeregelter, in sich variierender, geschichtlich unabgeschlossener sozialer Umwelt herzustellen. Deshalb kann es in der Rechtswissenschaft zwar gesicherte, nicht aber sichere Erkenntnis geben, bleiben ihre Ergebnisse stets vorläufig, unabgeschlossen und überholbar.

Das enthebt aber die Rechtswissenschaft nicht der Entscheidung darüber, welche Interpretationsmöglichkeit die richtige ist, gerade darin besteht ihre Aufgabe, sonst könnte sie zu Interpretationsvorschlägen gar nicht kommen. Diese Sicht der Rechtswissenschaft liefert auf der anderen Seite rechtswissenschaftliche Erkenntnis keineswegs der Beliebigkeit aus. Schon die Notwendigkeit, eine bestimmte Interpretation zu vertreten, verhindert das. Vor allem aber sind die Interpretationen von Rechtssätzen durch die Normen selbst begrenzt, indem sie ihrerseits einen bestimmten Ausschnitt kultureller Möglichkeiten darstellen. Rechtswissenschaft wird durch ihren Gegenstand ebenso begrenzt, wie sie ihn ihrerseits schafft; Rechtswissenschaft steht in der Dialektik von Subjekt und Objekt.

Rechtswissenschaft hat noch darüber hinaus auf verschiedene Weise Anteil an der Erscheinung ihres Gegenstandes. Als Rechtsdogmatik rekonstruiert sie den Normgehalt und konstruiert Normen, wo das bisherige Recht Lücken gelassen hat. Als rechtspolitische Wissenschaft erarbeitet sie zudem auf der Grundlage und in Auseinandersetzung mit der gegebenen Rechtsordnung neue Ordnungsvorschläge. Als rechtsgeschichtliche Wissenschaft erhält sie kulturelle Wirksamkeit des Gewesenen oder stellt sie wieder her. Als rechtssoziologische Wissenschaft macht sie die soziale Umwelt des Rechts fruchtbar. Als rechtsphilosophische Wissenschaft dient sie der Sinnvermittlung, der Kritik und der Legitimation. In all diesen und weiteren Erscheinungsformen hat sie Teil an der Produktion ihres Gegenstandes, indem sie die Interpretationsmöglichkeiten des Rechts bereitstellt und den Horizont möglichen Rechtsverständnisses absteckt. Wesentliche Funktion der Rechtswissenschaft insgesamt ist es, den Zusammenhang der Rechtsordnung in sich selbst und mit den Gegebenheiten der Gesellschaft aufrechtzuerhalten und zu vermitteln. Man darf endlich auch nicht vergessen, daß gewollt oder ungewollt die Rechtswissenschaft faktisch Autorität ist, auf die man sich in der Rechtsauslegung beruft, daß sie in Gutachten Rechtsuchende berät und daß sie von der Lehre des Rechts nicht getrennt werden kann.

III

Diese Seinsweise des Rechts und der Rechtswissenschaft verhindert, daß die Wissenschaft vom Recht als bloße, von ihrem Gegenstand abstrahierende Ansammlung reinen Wissens gedacht werden könnte. Recht als besondere Organisationsweise der Gemeinschaft, das von der Rechtswissenschaft notwendig mitgestaltet wird, setzt die Rechtswissenschaft in besondere Verknüpfung mit dieser Gemeinschaft. Deshalb kann sich die Rechtswissenschaft der Verantwortung für diese Gemeinschaft nicht entziehen, sie kann sie bloß verfehlen. Der Rechtswissenschaft fehlt von vornherein die Möglichkeit, sich als reine Wissenschaft von reiner Technik zu unterscheiden. Die sozial verbindliche Entscheidung, was rechtens ist, die konkretisierende Anwendung des Rechts auf den einzelnen Fall, ist zwar Aufgabe der Gerichte und Behörden, ebenso wie Aufgabe des Gesetzgebers und weiterer staatlicher normsetzender Instanzen die Formulierung verbindlicher Rechtsregeln ist in vielfältiger Überschneidung der Kompetenzen und Funktionen. Verbindliches Recht entsteht nicht zuletzt auch in der Vereinbarung zwischen Privaten. Es fehlt also nicht an Instanzen sozialtechnischer Gestaltung im Bereich des Rechts. Aber sie unterscheiden sich von der Rechtswissenschaft lediglich durch die Verbindlichkeit ihrer Entscheidung. Der prinzipiellen sozialen Wirksamkeit rechtswissenschaftlichen Handelns tut dies keinen Abbruch. Rechtswissenschaft kann andererseits sogar die soziale und rechtliche Verbindlichkeit der Entscheidungen solcher anderer Kompetenzträger erschüttern. So hat das Bundesverfassungsgericht festgestellt, daß der Rechtsuchende sich auf den Stand einer ständigen Rechtsprechung dann nicht solle verlassen können, wenn in der Rechtswissenschaft ernste Zweifel an der Gültigkeit der Rechtsprechung geäußert worden sind.

Daß die Rechtswissenschaft unmittelbare Wirkung für die Existenz der Gemeinschaft besitzt, zeigt auch die Entwicklung des modernen Staates. Mit der Entdeckung und wissenschaftlichen Durchdringung des corpus iuris civilis, der Rechtsammlung Kaiser Justinians aus dem 6. Jahrhundert, hat die europäische Rechtswissenschaft seit dem 11. Jahrhundert Denkstrukturen und Argumentationsmethoden geschaffen, die mehr noch als der konkrete materielle Rechtsgehalt des corpus iuris zur Strukturierung der Herrschaftsorganisation beigetragen haben; der moderne Staat ist ohne die Rechtswissenschaft in seiner geschichtlichen Gestaltung nicht denkbar.

Rechtswissenschaft – wie jedes Wissen – formt und verändert die Welt, weil sie Teil der Kultur ist. Verändert sie sich durch mehr oder anderes oder auch durch weniger Wissen, so verändert sie die Kultur. Mit ihrem näheren Gegenstand des Rechts und damit der Struktur der Gemeinschaft prägt sie diese Gemeinschaft wesentlich. Das Ethos der Rechtswissenschaft ist deshalb nichts anderes als das Ethos des Bürgers.

Auf dieser Grundlage kann nach dem Verhältnis von Rechtswissenschaft und Ethik gefragt werden. Wegen der Eigenart ihres Erkenntnisgegenstandes muß von vornherein die Vorstellung vermieden werden, die Ethik trage sozusagen von außen Forderungen an die Rechtswissenschaft heran. Ethik und Rechtswissenschaft sind zwar je eigenständige, voneinander zu unterscheidende Wissenschaften, sie sind aber durch ihren jeweiligen Gegenstand untrennbar miteinander verbunden. Konstituiert die Moral das Recht, so wäre eine Rechtswissenschaft, die nicht auch ethische Fragestellungen berücksichtigte, eine um wesentliche Teile verkürzte, notwendig unvollständige, in ihren Erkenntnissen deshalb fehlerhafte Disziplin.[8]

Aber es geht nicht lediglich, nicht einmal in erster Linie um eine wissenschaftstheoretische Standortbestimmung von Rechtswissenschaft und Ethik, noch um eine bloße Metaethik oder Metarechtswissenschaft. Entscheidend ist vielmehr, ob sich nicht konkrete Verhaltensmaximen für die Rechtswissenschaft entwickeln lassen.

Rechtswissenschaft trägt Verantwortung in vielfacher Hinsicht. Sie trägt Verantwortung einmal für sich selbst als Wissenschaft, sie trägt darüber hinaus Verantwortung für ihren, durch sie selbst mitgestalteten Gegenstand, das Recht, trägt Verantwortung für den, der sie trägt, die Gesellschaft, und sie trägt endlich Verantwortung für das, was von ihr abhängt, die Umwelt.

Folgt man der Auffassung, daß Rechtswissenschaft eine Diskussionswissenschaft sei, so müssen sich die wissenschaftsimmanenten, ethischen Anforderungen aus dieser Eigenschaft bestimmen. Es wäre fehlerhaft, weil Eigenarten überspielend und damit den Gegenstand verfehlend, von einer allgemeinen Wissenschaftsethik auszugehen und so Forderungen an die einzelnen Wissenschaften heranzutragen, die sie entweder nicht erfüllen können oder deren Erfüllung sinnlos wäre. Nicht eine allgemeine Wissenschaftsethik muß begründet werden, sondern eine Vielzahl von Wissenschaftsethiken.

Für die innerwissenschaftliche Ethik der Jurisprudenz könnte man die Ansicht vertreten, sie sei mit der Methodik der Rechtswissenschaft identisch.[9] Wissenschaft wird zum wesentlichen durch Methodik gekennzeichnet, das Nicht-Einhalten der Methode ist unwissenschaftlich, gefährdet deshalb die Wissenschaft, verfehlt so die ethische Verantwortung für sie. Es darf aber das Verhältnis von Methode und Ethik der Wissenschaft nicht verkehrt werden. Die Methode ist stets vorläufig, sie kann unzulänglich sein, die Einhaltung der bestehenden Methoden garantiert deshalb noch nicht wissenschaftsethisch richtiges Verhalten, vielmehr kann die Verantwortung für die Wissenschaft die Veränderung und Überwindung bisher anerkannter Methoden fordern. Unter diesem Vorbehalt wird man aber aus dem Diskussionscharakter der Rechtswissenschaft ethisch begründete Verhaltensregeln erschließen können. Das Gelingen der Diskussion ist zunächst abhängig von der Ehrlichkeit der Teilnehmer. Vertreten werden darf nur das, was der Rechtswissenschaftler wirklich denkt. Die zweite Voraussetzung ist die Offenheit im Sinne des Zuhörens, das den anderen Teilnehmern der Diskussion gilt. Gefordert ist weiter die Toleranz gegenüber der anderen Auffassung, nicht im Sinne indifferenten Geltenlassens, sondern als zu erwägende, mit der eigenen entgegenstehenden Meinung zu konfrontierender These. Endlich ist Voraussetzung rechtswissenschaftlicher Diskussion die Bereitschaft, die Vorläufigkeit bestehender Auffassungen angesichts des sich ändernden Rechts und der sich wandelnden Umwelt zu akzeptieren.

Rechtswissenschaft muß bei aller Verknüpfung mit ihrem Gegenstand und der durch ihn geregelten Gesellschaft kritische Distanz bewahren. Sie muß Wissenschaft vom Recht bleiben. Als Lehre muß sie deshalb Anleitung zur Distanz, zur Verantwortungsfähigkeit sein.

Ein weiteres Gebiet ethischer Anforderungen an die Wissenschaft ist schon um ihrer selbst willen die Verantwortung für das Weiterbestehen und das Verbessern ihrer selbst durch den Nachwuchs. Deshalb ist wissenschaftsimmanent von ethischer Relevanz die Forderung, Lehre und Nachwuchsförderung zu betreiben. Besonders für den Rechtswissenschaftler gibt die Lehre aber auch eine notwendig bestehende externe wissenschaftsethische Herausforderung. Weil Recht stets nur in der Interpretation besteht, ist die Bildung und Ausbildung derjenigen, die Rechtssätze zu interpretieren haben, ein Stück unmittelbare Verantwortung für den Gegenstand der Rechtswissenschaft selbst.

Die weitere Verantwortung der Rechtswissenschaft zielt auf die Verwendung der von ihr verbrauchten Ressourcen. Wissenschaftler und Wissenschaft werden heute von der Gesellschaft bezahlt. Sie hat einen Anspruch darauf, daß die ihr anderswo fehlenden Mittel sinnvoll eingesetzt werden. Zwar darf man nicht stets einen unmittelbar ins Auge springenden Nutzen erwarten, aber die für den Fortschritt der Wissenschaft erforderliche Muße liegt oft sehr nahe neben der ihm schädlichen Faulheit. Auch der Einsatz der Mittel kann bei allem Fleiß des Rechtswissenschaftlers bisweilen mit dem Ertrag im Mißverhältnis stehen. Hier kann es keine sinnvolle, mit Freiheit der Wissenschaft zu vereinbarende Kontrolle von außen geben; um so mehr ist das Ethos des Wissenschaftlers gefordert.

IV

Die Verantwortung der Rechtswissenschaft erscheint nicht von so unmittelbarem dramatischem Scheitern bedroht, wie die einiger Naturwissenschaften. Ihre einzelnen Erkenntnisse sind nicht in gleichem Maße mißbrauchbar wie einzelne Erkenntnisse der Physik, Chemie oder Biologie. Ethische Fragen beim Experiment stellen sich im Prinzip nicht, weil die Rechtswissenschaft das Experiment so gut wie nicht kennt. Dennoch bedroht das Verfehlen ihrer ethischen Verpflichtung nicht lediglich den schlecht betreuten Doktoranden oder das Netz der wissenschaftlichen Erkenntnis selbst, was als solches schon von nicht geringer Tragweite wäre. Nicht ganz ohne Grund ist vielmehr gesagt worden: ,,Die Rechtswissenschaften und die Sozialwissenschaften haben im Grunde ethische Reflexion über ihr Tun nötiger als die Naturwissenschaften, weil sie viel größeres Unheil in der Geschichte angerichtet haben''.[10]

Weil Rechtswissenschaft die Existenz ihres Gegenstandes mitbestimmt, treffen Defizite ihrer Arbeit das Recht und damit die Struktur der Gemeinschaft unmittelbar. Hier wird heute gefordert, in aller Vorsicht und Behutsamkeit, gesetzliche Regelungen zu erlassen, die Grenzen etwa für Maßnahmen in der Medizin setzen. Prinzipiell ist das gar nichts Neues, weder für andere Wissenschafts- und Technikzweige, noch für die Medizin selbst. So gilt eine Operation gegen den Willen des Patienten schon längst als strafbare Körperverletzung. Und die rechtliche Anerkennung von Verträgen über Leihmütterschaft scheitert bereits an der traditionellen Figur des Verstoßes gegen die guten Sitten.

Heute aber läßt sich eine Entwicklung erkennen, die dem Recht und der Rechtswissenschaft eine neue Dimension vermittelt. Sie wird gespeist von der Entwicklung der modernen Naturwissenschaften und Technik.

Die Entwicklung der Naturwissenschaften hat es möglich gemacht und läßt es immer intensiver möglich werden, nicht nur Zugriff auf die menschliche Umwelt zu nehmen, sondern den Menschen selbst bis in sein Innerstes hinein umzugestalten. Damit wächst dem Gegenstand der Rechtswissenschaft eine in dieser Qualität neue Aufgabe zu. Das Recht steht heute nicht mehr nur in der Verantwortung zu definieren, was der Mensch tun darf, es muß definieren, was der Mensch sein darf. Nicht mehr nur, was der Mensch macht, sondern was den Menschen ausmacht, ist seiner Bestimmung anheim gegeben. Immanuel Kant hatte um der Freiheit der Menschen willen das aufklärerische Ziel vollendet, nur das äußere Handeln des Menschen als legitimen Gegenstand des Rechts aufzuweisen, die inneren Motive, Maximen und Gedanken dagegen der Ethik und der Moral vorbehalten. Um der Freiheit der Menschen willen muß heute das Recht wieder die innere Konstitution des Menschen als seinen Gegenstand entdecken. Freilich keineswegs erneut in der Weise, daß es bestimmen dürfte, was der Mensch denken und fühlen soll, sondern indem es bestimmen muß, was der Mensch denken und fühlen können soll. Rechtswissenschaft muß deshalb wieder eine auch philosophische Wissenschaft werden.

Welche ethischen Postulate und moralischen Forderungen zu rechtlich verbindlichen Normen werden sollen und können, ist auch eine Frage an die Rechtswissenschaft. Sie ist nicht bloß politischer oder daneben rein philosophischer Natur. Bei dieser Frage ist keineswegs in erster Linie daran zu denken, moralisch anfechtbares Verhalten der Wissenschaft durch rechtliche Verbote zu erfassen, das Scheitern ihrer Verantwortung strafrechtlich zu sanktionieren. Es ist ein verbreitetes Mißverständnis über die Eigenart des Rechts, daß es ihm primär um Verbot und Strafe ginge. Vorrangige Aufgabe des Rechtes ist vielmehr, Institutionen bereitzustellen, durch die Freiheit und moralisches Handeln, die Verwirklichung ethischer Regeln möglich wird. Recht ist, wenn es gelingt, Hilfe, und auch, wenn es als Strafe und Verbot in Erscheinung tritt, auf diese Aufgabe der Hilfestellung zur Freiheitsentfaltung verpflichtet.

Den vorrangigen Maßstab für die Umformung bloß moralischer in rechtliche Normen bildet die Menschenwürde, wie das Grundgesetz sie in Art. 1 Abs. 1 gewährleistet. Gegen diese Auffassung ist in letzter Zeit in der Rechtswissenschaft viel argumentiert worden. Nicht ganz zu Unrecht hat man eingewendet, daß die Menschenwürde ein zu abstraktes Prinzip darstelle, um aus ihr konkrete Folgerungen zu gewinnen. Statt dessen müsse auf die speziellen einzelnen Grundrechte zurückgegriffen werden. Dieser Streit um die dogmatische Verankerung ist aber dann ein Scheinproblem, wenn man anerkennt, daß in den einzelnen Grundrechten ein Kern existiert, der Ausdruck der Menschenwürde ist. Damit wird die konkrete rechtsdogmatische Ableitung nicht irrelevant, bleibt im Kern aber stets auf den Maßstab der Menschenwürde bezogen. Mit dem Instrumentarium der einzelnen Grundrechte und der Menschenwürde lassen sich nun Erwägungen zur Zulässigkeit einer

Reihe von naturwissenschaftlich-technischen Handlungen anstellen. Dabei müssen einige Beispiele für viele stehen. Bei der extracorporalen Befruchtung etwa können mehrere Embryonen entstehen, von denen nicht alle der Mutter eingepflanzt werden können. Hier ist zu fragen, ob die überzähligen Embryonen bereits menschliches Leben im Rechtssinne darstellen und ihnen damit der durch Art. 2 Abs. 2 Satz 1 GG gewährleistete Schutz des Lebens zugute kommt. Das Bundesverfassungsgericht hat in seiner Entscheidung zur Fristenlösung des § 218 StGB lediglich von dem sich im Mutterleib entwickelnden Leben als selbständigem Rechtsgut gesprochen und als jedenfalls bestehenden Zeitpunkt des Schutzanfanges die Nidation anerkannt. Damit ist aber weder ein anderer, früherer Zeitpunkt des Lebensbeginnes noch ein anderer Ort seiner Entstehung ausgeschlossen, weil diese Frage nicht Gegenstand des Verfahrens war. Es kann keinen Unterschied des Schutzes ausmachen, ob menschliches Leben im Reagenzglas oder im Leib der Mutter entstanden ist.

Zeugungsmethoden, die bewußt unmöglich machen, die Herkunft des Kindes feststellen zu können, verstoßen gegen das Recht des Kindes, seine Abstammung zu kennen und sich so in den Zusammenhang von Tradition finden zu können. Die Erzeugung von Mischgestalten durch genetische Manipulation, Klonen oder Hybridbildung von Menschen ist mit der Würde des Menschen unvereinbar, wie auch die Synode der Evangelischen Kirche in Deutschland vor kurzem erklärt hat.[11]

Andererseits ist das Problem der Genmanipulation durchaus nicht auf einfache Formeln zu bringen. Man wird realistisch und auch rechtlich betrachtet nicht so weit gehen dürfen, sie gänzlich zu verbieten. Zuviel Leid würde bestehen bleiben, wenn so rigoros geurteilt würde. Entscheidender Maßstab dürfte letztlich die Freiheit des Einzelnen sein als zentraler Gehalt der Menschenwürde. Freiheit als die Möglichkeit der Wahl, der Entscheidung auch dazu, Leid auf sich zu nehmen, auch sich in Unabänderliches zu schicken.

Diese Überlegungen betreffen primär den Bereich der wissenschaftlich-technischen Anwendung, auch die unmittelbar tatsächlichen Auswirkungen des Experiments. Einen Schritt weiter ist in den siebziger Jahren das Hessische Universitätsgesetz gegangen. Es hat alle Angehörigen der Universität verpflichtet, ,,die gesellschaftlichen Folgen wissenschaftlicher

Erkenntnis mitzubedenken" und darüber zu informieren, wenn ihnen Ergebnisse der Forschung bekannt werden, „die bei verantwortungsloser Verwendung erhebliche Gefahren für die Gesundheit, das Leben oder das friedliche Zusammenleben der Menschen herbeiführen können" (§ 6 HUG). Man mag bezweifeln, ob eine solche Vorschrift als Rechtspflicht praktisch überhaupt durchsetzbar ist. Immerhin aber kommt in ihr das Bemühen der Rechtsordnung zum Ausdruck, ethische Pflichten der Wissenschaft auch in rechtliche Pflichten umzusetzen. Als solche freilich greift die Vorschrift in die Freiheit der Wissenschaft ein, weil sie in nicht ganz unerheblicher Weise Einfluß auf die Gestaltung wissenschaftlicher Erkenntnisvorgänge nimmt. Auch die vom Grundgesetz garantierte Wissenschaftsfreiheit kann aber nicht grenzenlos sein, auch sie muß im Rahmen gemeinschaftsgebundener Verantwortung gesehen werden[12], unbeschadet ihrer eigenen weitgehenden Freiheit. Die Distanz, die der Wissenschaft um ihrer Freiheit willen zu Gesellschaft und Staat von Verfassungs wegen zugebilligt werden muß, enthebt sie nicht von vornherein jeglicher Auseinandersetzung mit gesellschaftlichen Problemen, soweit es sich um wesentliche Fragen und Gefahren handelt. Der Freiraum der Wissenschaft ist nach der Wertung des Grundgesetzes nicht für eine von Staat und Gesellschaft isolierte, sondern für eine letztlich dem Wohle des Einzelnen und der Gemeinschaft dienende Wissenschaft verfassungsrechtlich garantiert. Dies hat das Bundesverfassungsgericht im Streit um das Hessische Universitätsgesetz bereits vor fast zehn Jahren festgestellt. Freilich wird man demgegenüber auch fragen können, ob hier nicht tendenziell eine zu strikte Bindung der Wissenschaft an übergeordnete Gemeinwohlziele statuiert wird. Jedenfalls ein Stück weit besteht der hier berufene Dienst der Wissenschaft an der Gemeinschaft doch gerade auch in der Ausübung ihrer ursprünglichen, vom Staat prinzipiell unabhängigen Freiheit. Dies gilt allerdings als rechtliche Fragestellung; als ethisches Gebot scheint mir die Verpflichtung, die Folgen wissenschaftlichen Handelns mitzubedenken, unabweisbar. Jedenfalls und besonders für die Rechtswissenschaft trifft das zu.

Rechtswissenschaft ist eine praktische Wissenschaft; ihre Ergebnisse sind auf die Praxis bezogen und müssen sich in ihr bewähren. Auch die Rechtswissenschaft muß die Folgen ihrer Arbeit bedenken. Das alte Sprichwort „Das mag in der Theorie richtig sein, taugt aber nicht für die Praxis" ist von Immanuel Kant endgültig widerlegt worden: Was in der Theorie richtig ist, ist auch für die Praxis richtig. Diese Widerlegung impliziert aber ein Weiteres: Was in der Praxis nicht taugt, taugt auch nicht in der Theorie. Praktische Folgerungen rechtswissenschaftlicher Erkenntnis, die sich nicht bewähren, weisen auf Defizite in der Theorie. Rechtswissenschaftliche Theorie muß auch in sich stimmig sein, darf sich darin aber nicht erschöpfen. Auch für den Rechtswissenschaftler und die Qualität seiner Arbeit gilt der Satz „respice finem".

Sicher können praktische Defizite rechtswissenschaftlicher Theorie auch auf anderen als wissenschaftsimmanenten Fehlern beruhen. Rechtswissenschaft ist Wissenschaft vom Recht. Hat die Rechtswissenschaft ein Gesetz auszulegen, so werden praktisch unrichtige Ergebnisse häufig am fehlerhaften Gesetz liegen. Es darf die Rechtswissenschaft sich damit aber nicht begnügen, sie muß weiter fragen, weiter argumentieren und Vorschläge entwickeln, wie solche Fehlfolgerungen vermieden werden können. Aufgabe der Rechtswissenschaft ist es, das Gebäude des Rechts standfest und bewohnbar zu erhalten.

Rechtswissenschaft besitzt aber auch eine notwendige Affinität zur Macht. Man hat ihr dies oft zum Vorwurf gemacht. In der Tat bringt der Gegenstand der Rechtswissenschaft, die besondere Organisation der Gemeinschaft, sie in ständigen und engen Bezug zur politischen Macht. Als Rechtswissenschaft trägt sie dabei aber notwendig auch machtkritische Züge. Als Rechtswissenschaft muß sie fordern, daß die Macht „im Recht" bleibt. Als solche ist sie stets Begrenzung der Macht, wie sie Begrenzung der Freiheit ist, indem sie ihr Strukturen, Beständigkeit und Berechenbarkeit vermittelt.

V

Sehr dezidiert hat der Philosoph Hermann Lübbe die Auffassung vertreten, der Naturwissenschaftler werde hoffnungslos überfordert, wenn man ihn für die schädlichen Nebenfolgen seiner Wissenschaft zur Verantwortung aufrufen wollte.[13] Man mag daran zweifeln, ob dies für die Naturwissenschaften wirklich gilt. Für die Rechtswissenschaft jedenfalls trifft dieses Bedenken nicht zu. Der Rechtswissenschaftler ist durch das ethische Gebot der Folgenberücksichtigung seines Handelns und

Denkens nicht prinzipiell überfordert; es ist sein Beruf, die Auswirkungen rechtlicher Aussagen zu überdenken. Daß er hierbei irren kann, ist selbstverständlich. Auch im übrigen gilt, daß, wenn überhaupt jemand, der Wissenschaftler die Folgen seines Handelns übersehen kann. Er darf die Bewertung nicht ausschließlich anderen überlassen. Die Moral ist keiner Arbeitsteilung zugänglich. So hat auch das Schlußdokument einer Tagung in der Päpstlichen Akademie der Wissenschaften jüngst festgestellt, daß es nunmehr unmöglich sei, dem traditionellen Begriff einer ethischen Neutralität der Wissenschaften anzuhängen.[14]

Beispiele einer solchen Verantwortungsethik bietet auch die Geschichte. Der große Rechtsdenker Gustav Radbruch, der vor dem Nationalsozialismus in sehr pointierter Weise einen Rechtspositivismus und Rechtsrelativismus vertreten hat, hat nach den Erfahrungen des Nationalsozialismus diese Auffassung mindestens modifiziert. Er warf dem Rechtspositivismus vor, daß dieser die Durchsetzung des Nationalsozialismus begünstigt habe. Die Auffassung, die Gültigkeit des Rechts bestehe unabhängig von seiner ethischen Vertretbarkeit, habe die Juristen wehrlos gemacht gegenüber dem in gesetzliche Form gekleideten Unrecht des Nationalsozialismus. Es kommt nicht so sehr darauf an, ob ein solcher Vorwurf den Rechtspositivismus wirklich trifft. Allein entscheidend ist die Tatsache, daß die Rechtswissenschaft sich fragen kann und muß, was mit ihren Ergebnissen geschieht, was andere mit ihren Erkenntnissen machen. Sie ist auch in der Lage, auf diese Frage eine Antwort zu geben, jedenfalls den Versuch hierzu zu unternehmen.

Fragt man danach, welche ethischen Grundsätze der Wissenschaften rechtlicher Normierung bedürfen und zugänglich sind, welche und auf welche Weise ethische Maximen rechtliche Verbindlichkeit erlangen dürfen, so ist zunächst die Erscheinungsweise von Wissenschaft zu betrachten, wie sie sich heute darstellt. Dabei springt ins Auge, daß einerseits noch immer der einzelne Wissenschaftler und seine Kreativität wissenschaftliche Leistung bestimmen. Andererseits aber ist auch die Wissenschaft arbeitsteilig geworden, wissenschaftliche Erkenntnis wächst häufig erst im Zusammenspiel vielfältiger, auf viele Einzelne verteilter Arbeitsschritte. In dieser Arbeitsteilung geht individuelle Alleinverantwortung verloren, werden die Folgen einzelnen Handelns unüberschaubar, aber deshalb nicht weniger weittragend. Ethisch notwendige Aufgabe des Rechts ist es in dieser Situation, die Verantwortungsfähigkeit des Einzelnen zu erhalten ebenso, wie den Verantwortungszusammenhang in der Gemeinschaft sicherzustellen.

In der Situation des anonymen Zusammenwirkens, das in anderen Wissenschaften allerdings deutlicher in Erscheinung tritt als in der Rechtswissenschaft, besteht die Gefahr, daß Verantwortungsfähigkeit überhaupt verlorengeht. Wenn der Einzelne sich gar nicht mehr als relevanten Faktor im allgemeinen Wirkungszusammenhang begreifen könnte, könnte er auch nicht mehr Verantwortung empfinden. Damit ginge ein wesentliches Stück dessen verloren, was das Grundgesetz als Würde des Menschen bezeichnet. Dieser Verlust an Verantwortungsfähigkeit wäre aber nur dann unvermeidbar, wenn man Verantwortung sich erschöpfen ließe in der individuellen Kausalverknüpfung von Handlung und Wirkung, wenn Verantwortung nur so weit reichte, wie die eigene Wirkung und Wirkungsmöglichkeit. So sagt Hermann Lübbe, die Verantwortung handelnder Subjekte könne nie weiter als ihre Handlungsmacht reichen.[15] Dagegen sprechen aber zwei Beobachtungen. Einmal besteht auch eine Verantwortung für die eigene Wirkungsmöglichkeit. Dafür, daß die Umstände so sind, wie sie sind, mag man nichts können. Man trägt aber Verantwortung dafür, daß man sie nicht ändert, daß man die eigenen Wirkungsmöglichkeiten nicht erweitert. Zum anderen tritt das Phänomen der Mitverantwortung heute verstärkt in die Diskussion. Mitverantwortung trägt der, der als Teil eines größeren Zusammenhanges zu diesen Wirkungen beigetragen hat.[16]

Wie soll oder kann aber das Recht das Verfehlen von Mitverantwortung des Wissenschaftlers normativ erfassen? Mitverantwortung macht gerade die Zurechenbarkeit eines konkreten Erfolges an eine konkrete Handlung des Einzelnen zum Problem. Wo viele Einzelhandlungen einen zurechenbaren Erfolg gar nicht setzen, wo die einzelnen Handelnden einen konkreten Erfolg gar nicht voraussehen können, wo der Erfolg erst im nachhinein als Folge des unbewußten Zusammenwirkens vieler, voneinander unabhängiger, oft einander gar nicht bekannter Akteure erkennbar wird, muß die Frage rechtlicher Normierung in neuer Weise aufgeworfen werden.

Allerdings tritt das Problem kumulierender Handlungsfolgen und die daraus erwachsende Frage der Zuordnung rechtlicher Verantwortung heute zunehmend in den Vordergrund rechtswissenschaftlicher Erörterung. Dies ist der Fall etwa bei der rechtlichen Bewertung von Immissionen im Umweltschutzrecht. Wenn von mehreren Verursachern von Immissionen jeder Einzelne innerhalb der erlaubten Grenzwerte bleibt, kumulieren mehrere solcher zulässiger Immissionen häufig zu erheblichen Schäden. Keiner von den einzelnen Verursachern hat häufig aber diesen Erfolg gewollt oder überhaupt voraussehen können. Der Betroffene, ein Waldbesitzer etwa, dessen Bäume eingehen, oder der Fischer, dessen Fischereirechte wertlos werden, können Schadensersatz von den Verursachern nicht verlangen.

Die Diskussion in der Ethik um die Probleme der Mitverantwortung und die rechtswissenschaftliche Auseinandersetzung um die Behandlung kumulierender Schadensursachen gehen durchaus parallel und können voneinander Anregungen erfahren. Das Problem selbst zeigt zunächst, daß ein Denken in personaler, individueller Schuldzuweisung oder auch nur individualrechtlicher Verantwortungsverknüpfung den Bedürfnissen richtiger Ordnung nicht gerecht zu werden vermag. Es zeigt auch, daß das Instrument der Auflösung von überindividuellen Schadenszusammenhängen in individuelle Anspruchsbeziehungen des Schadensersatzes unzureichend, daß endlich das Mittel individueller Strafe als rechtlicher Sanktion gänzlich sekundär ist. Vielmehr geht es auch hier nicht um die Reaktionen auf Fehlleistungen, sondern um die eigentliche Aufgabe des Rechts, Strukturen und Institutionen bereitzustellen, um Schäden zu vermeiden und um Freiheit zu ermöglichen.

Ein Schritt in diese Richtung ist die Einführung von Ethikkommissionen für einzelne Wissenschaften und Wissenschaftszweige. Sie setzen sich in der Regel aus Vertretern der einschlägigen Wissenschaft zusammen, zu denen meist Ethiker und Juristen hinzutreten. Sie sollen dem einzelnen Wissenschaftler keineswegs die eigene Entscheidung über ethisch richtiges und ethisch falsches Forschen und Handeln abnehmen. Ihr Sinn besteht vielmehr darin, einzelnen Vorhaben die ihnen innewohnende ethische Dimension deutlich zu machen und eine ethisch begründete Entscheidung zu treffen. Sie dürfen deshalb nicht als ethikorientierte Verbots- oder Genehmigungsinstanzen verstanden werden. Rechtliche Verbindlichkeit dürfen ihre Entscheidungen nicht beanspruchen; sie tragen vielmehr Appellcharakter an das Ethos des Wissenschaftlers. Sie bleiben gleichwohl eine rechtlich erhebliche Instanz, weil sie auch als Selbstverantwortungsorgan der Wissenschaft an rechtliche Mindestvoraussetzungen wie etwa die Willkürfreiheit ihrer Entscheidungen oder das Gebot fairen Verfahrens gebunden sind und Geheimhaltungsverpflichtungen unterliegen. Die Einrichtung von Ethikkommissionen birgt allerdings alle Problematik der Institutionalisierung und damit auch Bürokratisierung des Handelns. Sie hindert damit auch die freie Entfaltung von Wissenschaft ein Stück weit. Dies ist aber der notwendige Preis für den Verzicht der sonst erforderlichen weitergehenden Restriktionen. Sie hält die Entscheidung in Gremien, die prinzipiell über den Sachverstand zur Beurteilung der Probleme verfügen, und ermöglicht so Selbstverantwortung der Wissenschaften.

Nicht zu Unrecht ist die Frage gestellt worden, ob denn das Recht ethische Forderungen an die Wissenschaft erfassen und normieren könne, wenn doch der handelnde Wissenschaftler selbst in der Regel nicht wisse, wie seine Forschungen weitergehen, was letztlich aus seinen Fragen und Versuchen entstehen wird. Gerade diese berechtigte Frage weist aber darauf, daß es dem Recht primär nicht um Gebot oder Verbot gehen darf, sondern um die Ermöglichung von Verantwortung des handelnden Wissenschaftlers und damit um die Bereitstellung von Institutionen, in denen und mit denen der einzelne Wissenschaftler die ethischen Voraussetzungen und Konsequenzen seines Handelns bedenken kann.

Die Reflexion über die ethischen Mindestvoraussetzungen des Rechts ebenso wie die Grenzen, die der Verrechtlichung ethischer Normen gesetzt wird, ist ständige Aufgabe allen Rechtsdenkens. Für die praktischen Entscheidungsbedürfnisse der Gegenwart bietet freilich das geltende Recht auch verbindliche Maßstäbe. Das Grundgesetz hält Normen bereit, die auch für eine Ethik der Wissenschaften Relevanz entfalten, und Wegweisungen für die rechtliche Erfassung der mit ihr aufgeworfenen Probleme geben. Nach dem Grundgesetz sind Wissenschaft und Forschung frei. Lediglich für die Lehre heißt es, ihre Freiheit entbinde nicht von der Treue zur Verfassung. Die damit anerkannte und gewährleistete Freiheit der Wissenschaft als Freistellung selbst von Grundprinzipien verfassungsrechtlich verbindlicher ethischer Forderungen ist um der Möglichkeit wissenschaftlicher Erkenntnis willen erforderlich. Sie gilt freilich in diesem Sinne lediglich für die wissenschaftliche Fragestellung, nicht jedoch für die Art und Weise wissenschaftlicher Arbeit, für die faktischen Begleitumstände und Folgewirkungen der Forschung. Sobald die Forschung Außenwirkung erlangt, muß das Recht ihr um der Rechte anderer willen auch Grenzen setzen. Ihren Ort in der Gemeinschaft, die Grenzen ihrer Handlungsmöglichkeiten zu bestimmen, ist Aufgabe des Rechts in nicht anderer Weise, als es Aufgabe des Rechts ist, die Freiheit der Einzelnen miteinander verträglich zu halten.

VI

Ein weiteres ist zu bedenken: Das Recht, so wie es in der Tradition der Neuzeit geworden ist, ist anthropozentrisches Recht. Im Mittelpunkt seiner Regelung steht der Mensch, nicht die außermenschliche Natur. Deshalb ist auch die Rechtswissenschaft prinzipiell anthropozentrisch. Gleichwohl trifft das Recht und die Rechtswissenschaft auch eine Verantwortung für die nichtmenschliche Natur. Auch Tiere müssen vor Leiden möglichst geschützt werden. Es wäre aber gänzlich verfehlt, wenn man diese Verantwortung dadurch zu erfüllen suchte, daß man die bestehenden rechtlichen Instrumente, die für menschliches Handeln eingerichtet sind, ohne weiteres auf die Natur übertragen wollte. So wird immer wieder gefordert, Tieren, Pflanzen und gänzlich undifferenziert der Natur überhaupt subjektive Rechte zuzuerkennen bis hin zu der Implikation der Forderung, sie als Parteien in einem Prozeß zuzulassen. Dies führt aber über die Anthropozentrik des Rechtes nicht hinaus. Letztlich wären es immer Menschen, die solche Rechte der Natur wahrnehmen und durchsetzen müßten. Recht beruht zum wesentlichen auf Gegenseitigkeit; solche Gegenseitigkeit ist mit der Natur nicht möglich. Recht ruht darüber hinaus im Kern auf der Subjektivität und Individualität des Menschen, es ist deshalb notwendig anthropozentrisch.

Man muß sich auch fragen, welcher Instanz gegenüber die Verantwortung des Rechtswissenschaftlers zu tragen ist. Verantwortung bedeutet auch, daß zur Verantwortung gezogen werden kann.[17] In der weltanschaulich-heterogenen Gesellschaft, die für alle gültige vorgeordnete, letztverbindliche Instanzen auf ethischem Gebiet nicht kennt, kann die letzte Verantwortungsinstanz nur das individuelle Gewissen des Einzelnen sein.[18] Dieses Gewissen ist gemäß Art. 4 Abs. 1 GG frei. Von Rechts wegen aber muß die Bildung und Existenz von Gewissen möglich sein. Auch für die Ethik der Wissenschaften ist die Bildung zur Gewissensfähigkeit wesentlich, sind Schule, Familie, auch Religion Gegenstand legitimen Nachdenkens. Gerade hier setzt die Verantwortung des Rechts und der Rechtswissenschaft wieder ein, weil ethikorientierte rechtliche Maßstäbe und Strukturen für die Bildung von Verantwortung und Verantwortungsbewußtsein geschaffen und erhalten werden müssen.

Eine letzte Frage ist aufzuwerfen, nämlich die nach dem Maßstab für das Gelingen der Verantwortung der Rechtswissenschaft für ihren Gegenstand. Dieser Maßstab ist das Worum-Willen des Rechtes selbst. Das Maß und Ziel des Rechtes muß auch Maß und Ziel der Verantwortung der Rechtswissenschaft sein, unbeschadet der Gewissensfreiheit auch des Rechtswissenschaftlers. Dieses Worum-Willen des Rechtes ist die Freiheit. Die demgegenüber oft genannte Gerechtigkeit ist lediglich das Maximierungsprinzip der Freiheit aller, ist Verteilungsmaßstab für und im Recht, ist deshalb nicht das eigentliche Ziel. Auch der Rechtswissenschaftler muß sich deshalb fragen, ob seine Erkenntnisse letztlich der Freiheit der Bürger dienlich sind. Deshalb darf die Frage nach dem Ethos der Rechtswissenschaft nicht mißverstanden werden als Aufforderung zur Begrenzung und Beschränkung. Die Verantwortung der Rechtswissenschaft für ihre Folgen ist recht verstanden kein Hemmnis ihrer Arbeit, sie ist Ansporn. Sie zwingt zu neuen Fragen, zu neuen Antworten und damit zur Erneuerung und Verbesserung des Rechts. Für die Rechtswissenschaft kann nicht gelten, was Hermann Krings für die Wissenschaften insgesamt formuliert hat, daß nämlich Kontrolle in der Tat notwendig werden könnte, doch nicht als ein Element der Wissenschaft.[19] Die Forderung nach einer Wissenschaftsethik steht auch keineswegs in Widerspruch zur grundgesetzlich garantierten Freiheit der Wissenschaft.[20] Indem Wissenschaft sich ihrer Verantwortung bewußt wird und sich ihr stellt, dient sie letztlich ihrer eigenen Entfaltung.

Anmerkungen

1 Vgl. zum Problem Vladimir Kubes, Jurisprudenz und Ethik, in: Wissenschaft und Philosophie als Basis der Jurisprudenz, hrsg. v. Frank Rotter u. a., Wiesbaden, 1980, S. 165 ff.; Hans Ryffel, Zum ethischen Fundament der Rechtswissenschaften, ebenda, S. 138 ff.
2 Wolfgang Trillhaas, Ethik, 3. Auflage 1970, S. 269.
3 Norbert Hoerster, Zur Verteidigung des Rechtspositivismus, in: NJW 86, S. 2480.
4 Vgl. Albert, Traktat über rationale Praxis, S. 60 ff., 75 ff.; dazu Ulfrid Neumann, Wissenschaftstheorie der Rechtswissenschaft, in: A. Kaufmann/W. Hassemer (Hrsg.), Einführung in die Rechtsphilosophie und -theorie der Gegenwart, 4. Aufl. 1985, S. 387 ff.
5 S. 73 f.; S. 80.
6 a. a. O., S. 359 f.
7 a. a. O., S. 360; Habermas, Wahrheitstheorien, in: Wirklichkeit und Reflexion, Walter Schulz zum 60. Geburtstag, 1973, S. 219.
8 Vgl. auch Ralf Dreier, Zum Selbstverständnis der Jurisprudenz als Wissenschaft (1971), in: derselbe, Recht – Moral – Ideologie, Frankfurt 1981, S. 60 f.
9 Vgl. dazu Hermann Krings, Bedenken zur Wissenschaftsethik, in: H. M. Baumgartner/H. Staudinger (Hrsg.), Entmoralisierung der Wissenschaften?, München usw. 1985, S. 14 ff.
10 Vgl. Ernst-Joachim Mestmäcker, Einleitung, in: Verantwortung und Ethik in der Wissenschaft, Stuttgart 1985, S. 206.
11 Vgl. FAZ v. 7.11.1987, Nr. 259, S. 5.
12 Vgl. BVerfGE 47, 327/369.
13 Hermann Lübbe, Wissenschaftsfeindschaft und Wissenschaftsmoral, in: Berner Universitätsschrift „Wissenschaft und Verantwortung", hrsg. von Peter Labudde und Maja Svilar, Bern 1980, S. 9.
14 Tagung vom 2.–7.11.1987, vgl. FAZ vom 11.11.1987, Nr. 262, S. 7; vgl. demgegenüber die Nachweise bei Hans Lenk, Zum Verantwortungsproblem in Wissenschaft und Technik, in: Elisabeth Ströcker (Hrsg.), Ethik der Wissenschaften?, München usw. 1984, S. 104 ff.
15 Hermann Lübbe, Die Wissenschaften und die praktische Verantwortung der Wissenschaftler, in: Baumgartner/Staudinger, a. a. O., S. 59; vgl. zum Problem auch O. P. Obermeier, Wissenschaft als Chance für Verantwortung, in: AZP 1984, S. 31 ff.
16 Vgl. auch den Diskussionsbeitrag von Carl Friedrich v. Weizsäcker in: Verantwortung und Ethik in der Wissenschaft, a. a. O., S. 253; Elisabeth Ströcker, Ich und die Anderen, . . .
17 Hansjürgen Staudinger, Ethik der Wissenschaft? – Moral der Forschung!, in: Baumgartner/Staudinger, a. a. O., S. 78.
18 Vgl. dazu kritisch Hans Lenk, Mitverantwortung ist anteilig zu tragen – auch in der Wissenschaft, in: Baumgartner/Staudinger, a. a. O., S. 105.
19 Krings, a. a. O., S. 19.
20 So aber Hans Poser, Kohärenz oder Neutralität?, in: Baumgartner/Staudinger, a. a. O., S. 95.

Ökonomie und Ethik: Einige Anmerkungen*

Heinz D. Kurz

I. Einleitung

„Wenn dies die beste aller möglichen Welten ist, wie sehen die anderen aus?" entgegnet Candide in der gleichnamigen Novelle Voltaires dem Dr. Pangloss. Die Skepsis eines Candide gegenüber der Behauptung, in der Welt sei alles aufs vortrefflichste eingerichtet, zeigt sich auch in der Gegenwart. Das wiederauflebende Interesse an Fragen der Ethik und Moral kann als Ausdruck des gewachsenen Bewußtseins von den Gefahren, die mit den sich zur Zeit weltweit vollziehenden, alle Lebensbereiche erfassenden Umwälzungen verbunden sind, gedeutet werden. Immer mehr setzt sich anscheinend auch die Erkenntnis durch, daß der Gang der Entwicklung in steigendem Maß von unserem eigenen Tun abhängt und nicht dem unkontrollierbaren Walten anonymer Mächte anzulasten ist. Wir selbst sind verantwortlich für das, was ist. Kriege, Hunger und Elend, Massenarbeitslosigkeit, nukleare Bedrohung und ökologische Krisen, sie alle sind Ergebnis der Entscheidungen und Handlungen von Menschen. Was liegt näher, als bei Wahrnehmung geschwind sich ausbreitender Gefahrenherde die Frage zu stellen, inwieweit Korrekturen an den tradierten Verhaltensmustern und gesellschaftlichen Institutionen nötig sind, um größere Katastrophen zu vermeiden, von der Vernichtung der Menschheit ganz zu schweigen. Brauchen wir, wie es Adolph Lowe in seinem neuen Buch *Has Freedom a Future?* (1988) ausdrückt, eine neue *kommunale Ethik?*

Die vorliegende Arbeit enthält keine Antwort auf diese Frage, allenfalls Spuren, die die Richtung anzeigen, in der eine solche zu suchen ist. Die hier verfolgte Absicht ist weitaus bescheidener. Geplant ist ein knapper Überblick über einige der Grundzüge des Beitrags der Wirtschaftswissenschaft zum Thema Ethik. Im allgemeinen müssen grobe Skizzen des jeweiligen Arguments genügen, gelegentlich bleibt es bei bloßen Andeutungen. Die ökonomische Literatur zum Problem ist heute schier unübersehbar und weiter rapide im Wachsen begriffen.

An manchen wirtschaftswissenschaftlichen Fakultäten werden dem Gebiet eigene Lehrstühle gewidmet, neue Periodika nehmen sich des Themas an, von den Standesorganisationen der Wirtschaftswissenschaftler werden Arbeitsgruppen und Fachausschüsse eingerichtet. Der Interessierte, der tiefer in die Materie eindringen will, sei auf die einschlägige zusammenfassende Literatur verwiesen.[1]

Die Arbeit ist wie folgt gegliedert: Teil II befaßt sich mit dem *homo oeconomicus,* dem künstlichen Menschen der Wirtschaftstheorie, von dem angenommen wird, daß er nur seinem Eigeninteresse frönt. Bei ihm handelt es sich einerseits um ein nützliches Arbeitspferd, mittels dessen Hilfe eine reiche Ernte an theoretischen Aussagen eingefahren werden kann, andererseits um eine eher anämische Gestalt, die berechtigte Zweifel hervorruft, daß sie sich besonders gut als Kristallisationspunkt eines Diskurses über Ethik eignet. Teil III behandelt die auf der Grundlage der Prämisse rein selbstsüchtigen Verhaltens entwickelte paretianische Wohlfahrtsökonomik und ihr Verhältnis zur utilitaristischen Ethik. Während letztere die Möglichkeit interpersoneller Nutzenvergleiche unterstellt, wird diese von ersterer verneint. Teil IV enthält eine Skizze des sogenannten Gefangenen-Dilemmas. Es zeigt sich, daß es sich in Situationen der betrachteten Art auszahlt, ‚moralisch' zu sein, d. h. sein Verhalten bestimmten Beschränkungen zu unterwerfen. Der abschließende Teil V geht kurz auf das Werk Adam Smiths, eines der Begründer der Politischen Ökonomie, ein, welches in besonders eindrucksvoller Weise ethische Überlegungen mit ökonomischen zu verknüpfen versucht.

II. Homo oeconomicus

Die zentrale Denkfigur der herrschenden Richtung in der Wirtschaftswissenschaft, der Neoklassik, ist der *homo oeconomicus.* Er bevölkert die Lehrbücher zur mikroökonomischen Theorie und begegnet uns in der Wohlfahrtsökonomik. Über ihn und seinen Schöpfer, den Wirtschaftstheoretiker, schreibt A. Sen: „Dem Ökonomen mag vielleicht persönlich eine moderate Dosis Freundlichkeit zugebilligt werden, vorausgesetzt in seinen ökonomischen Modellen achtet er darauf, daß die Motivationen der menschlichen Wesen rein, einfach und nüchtern sind und nicht mit derartigen Dingen wie Wohlwollen oder moralischen Empfindungen vermengt werden." (1987, S. 1)² In der üblichen Darstellung wird das Wirtschaftssubjekt vollständig durch drei Momente beschrieben: (a) seine Präferenzordnung, (b) sein Vermögen und (c) sein technisches Wissen. Im hier thematisierten Zusammenhang interessiert vor allem Moment (a).

Von einem Spötter stammt die Bemerkung, die Prämissen eines ökonomischen Modells werden so lange gefoltert, bis sie das gewünschte Geständnis ablegen. Dies trifft auch auf die geläufige Behandlung der Präferenzordnung zu. Im allgemeinen wird letzterer ein Satz strenger Eigenschaften zugeschrieben, die es erlauben, die Präferenzen eines Wirtschaftssubjekts als *Nutzenfunktion* zu fassen und in Gestalt sogenannter *Indifferenzkurven* abzubilden. Zu den strengen Eigenschaften zählen insbesondere die Vollständigkeit, Transitivität, Monotonie und Stetigkeit der Präferenzrelation. Die Annahme der Vollständigkeit besagt, daß das Wirtschaftssubjekt bezüglich aller ihm vorgelegten (zulässigen) Paare von Alternativen jeweils sagen kann, ob es die eine Alternative der anderen vorzieht oder die andere der einen, oder ob es zwischen beiden indifferent ist. Die Annahme der Transitivität besagt: Wird Alternative A der Alternative B vorgezogen und letztere wiederum der Alternative C, so wird A auch C vorgezogen. Die Annahme der Monotonie bedeutet, daß ein Mehr von wenigstens einem Gut unter sonst gleichen Umständen immer vorgezogen wird; letztlich impliziert diese Annahme Nichtsättigung. Die Annahme der Stetigkeit schließlich besagt, daß alle Güter beliebig teilbar sind.

Keine der genannten Annahmen ist an sich selbstverständlich oder harmlos, gegen eine jede läßt sich etwas sagen. So ist beispielsweise die Annahme der Transitivität im Fall von Alternativen mit jeweils mehreren Charakteristika nicht allgemein aufrechtzuerhalten. Je nachdem, welches Charakteristikum betrachtet wird, kommt es gegebenenfalls zu unterschiedlichen Rangordnungen der Alternativen. Das Märchen vom „Hans im Glück" ist u. a. eine Parabel auf die verschiedenen Eigenschaften von Dingen und den paarweisen Vergleich der letzteren bei ständigem Wechsel des Gesichtspunktes, unter dem verglichen wird. So tauscht Hans einen Klumpen Gold gegen ein Pferd, dieses gegen eine Kuh, die Kuh gegen ein Schwein, das Schwein gegen eine Gans, die Gans schließlich gegen einen Wetz- sowie einen einfachen Feldstein.

In ethischer Hinsicht interessanter sind Intransitivitäten, die sich ergeben, wenn man das Problem der Entscheidungsfindung von Gruppen von Individuen, wie z. B. Familien, betrachtet. Selbst wenn jedes Mitglied der Gruppe eine konsistente Präferenzordnung aufweist, lassen sich diese Präferenzordnungen im allgemeinen nicht zu einer kollektiven Präferenzordnung aggregieren. Dieser Satz ist bekannt als Arrows *Unmöglichkeitstheorem* (Arrow, 1951). Angenommen, die Gruppe bestehe aus drei Individuen, *X, Y* und *Z*, und habe aus drei Alternativen, *A, B* und *C*, eine auszuwählen. Die Präferenzen der drei Individuen seien wie folgt:

X: A > B > C
Y: B > C > A
Z: C > A > B

wobei ‚>' bedeuten soll: wird vorgezogen. Man sieht sofort, daß die Präferenzen der drei Individuen bezüglich der zur Debatte stehenden Alternativen nicht miteinander kompatibel sind. Im allgemeinen ist daher auch nicht von der Existenz einer *sozialen Wohlfahrtsfunktion* auszugehen, die es seitens der politischen Entscheidungsträger zu maximieren gilt, wie die ältere Wohlfahrtstheorie zu unterstellen beliebt (vgl. Giersch, 1961, 3. Kapitel).

Krause und Steedman (1986) haben Arrows Argument kürzlich verallgemeinert und unter explizitem Bezug auf Goethes *Faust* argumentiert, daß es sich beim Individuum um ein Wesen mit vielen ‚Gesichtern' handelt, das typischerweise die ihm offenstehenden Alternativen unter verschiedenen Blickwinkeln betrachtet und je nach Blickwinkel zu unterschiedlichen Einschätzungen gelangen kann. So ist ein Individuum im allgemeinen Träger mehrere sozialer Rollen, und selbst wenn es in jeder einzelnen Rolle durch eine vollständige und transitive Präferenzordnung charakterisiert werden kann, ist keineswegs gesichert, daß sich diese Rollen bzw. die sie repräsentierenden Präferenzordnungen widerspruchsfrei miteinander vereinbaren lassen. Ein anderer Aspekt betrifft die Tatsache, daß viele Entscheidungen intertemporaler Natur sind, d. h. die Lage des Individuums über eine mehr oder weniger lange in die Zukunft reichende Zeitspanne beeinflussen. Im Verlauf der Zeit altert man jedoch, wird ein anderer, und dieses Anderswerden kann zum Zeitpunkt der intertemporalen Entscheidung bereits in Gestalt von Erwartungen hierüber Berücksichtigung finden. Eine Alternative *A* kann sich dann gegenüber einer Alternative *B* unter dem Blickwinkel der ‚Jugend' als über- und unter demjenigen des ‚Alters' als unterlegen erweisen. Würden wir dem *homo oeconomicus* der Lehrbücher die Erlaubnis erteilen, Überlegungen wie diese anzustellen, so verginge ihm sehr schnell seine schier ungebremste Entscheidungsfreude und er würde zu einem Zauderer und Zögerer, der zwischen konfligierenden Aspekten abzuwägen versucht, hin- und herüberlegend und sich nicht selten in der Situation wiederfindend, im Grunde nicht entscheiden zu können und es gleichwohl zu müssen.[3]

Das Märchen vom „Hans im Glück" ist noch in anderer Hinsicht aufschlußreich. Es ist eine Parabel auf den Lern- und Entwicklungsprozeß des Menschen. Die Moral von der Geschicht' wird erst am Schluß enthüllt: Hans, vom Tragen der beiden Steine erschöpft und durstig, setzt sie an einem Brunnen ab, um zu trinken. Ungeschickt, wie er ist, stößt er sie in den Schacht hinunter. Nachdem er sie in der Tiefe hat versinken sehen, springt er vor Freuden auf, kniet dann nieder und dankt Gott, daß er ihm auch diese Gnade noch erwiesen und ihn von den schweren Steinen befreit habe, und eilt anschließend mit leichtem Herzen und frei von aller Last nach Hause.

Beim *homo oeconomicus* hingegen handelt es sich um jemanden, der der gängigen Vorstellung nach nicht lernt bzw. dazulernt. Er besitzt eine Präferenzordnung und hält an ihr fest – wo sie herstammt, darüber werden wir nicht belehrt. K. Boulding (1973, S. 124f.) hat in diesem Zusammenhang von der „Doktrin von der ‚unbefleckten Empfängnis' der Indifferenzkurve" gesprochen. Das Bestreben des *homo oeconomicus* besteht einzig und allein darin, seinen Nutzen unter verschiedenen Nebenbedingungen wie verfügbares Vermögen bzw. Einkommen usw. zu maximieren. Die sokratische Frage ‚Wie soll ich leben?', die Hans immer wieder aufs Neue durch äußere Umstände gestellt bekommt und die er ein ums andere Mal scheinbar verlierend beantwortet, um am Ende doch zu gewinnen, ist für den *homo oeconomicus* längst entschieden, die Suche nach einem Lebensziel und -stil kein Thema für ihn.[4] Anders als Hans im Glück entsagt der Homunkulus der Wirtschaftstheorie nicht der irdischen Reichtümer, ganz im Gegenteil. Mehr davon ist ihm immer lieber als weniger, seine Gier ist unersättlich. Er teilt auch nicht mit anderen, sondern ist sich selbst genug. Dem von der herrschenden neoklassischen Lehrbuchliteratur entworfenen Bild zufolge ist die Welt von selbstsüchtigen Monaden bevölkert.

Es darf nicht verschwiegen werden, daß dieses Bild von seinen Schöpfern selbst in verschiedener Hinsicht modifiziert und korrigiert wird. So wird u.a. altruistisches Verhalten erörtert (vgl. z.B. Becker, 1982). Allerdings zeigt sich, daß im Kern an der ursprünglichen Auffassung festgehalten wird. Altruismus wird lediglich als besondere Form des Egoismus gedeutet: Man erweist dem anderen nur dann Wohltaten, wenn man die begründete Erwartung hat, daß sie einem indirekt wieder zum Vorteil gereichen. Das Tauschprinzip – so die Vorstellung – beherrscht in letzter Instanz auch die sozialen Beziehungen. *Do ut des* gilt nicht nur für wirtschaftliche Transaktionen, sondern ist das regulierende Prinzip zwischenmenschlicher Beziehungen schlechthin. Die Gesellschaft ist wenig mehr als eine Zahl von miteinander über Akte wechselseitig vorteilhaften Tauschs in Verbindung tretenden Individuen. Diese wägen tatsächliche wie erwartete Kosten und Nutzen der ihnen offenstehenden Handlungsalternativen gegeneinander ab und entscheiden sich im Sinne der Maximierung ihrer jeweiligen Zielfunktion.

Betrachten wir das traditionelle neoklassische Modell der Wirtschaft und Gesellschaft unter ethischem Gesichtspunkt, so stellen wir fest, daß in ihm nur ein ethisch relevantes Prinzip explizit zur Sprache kommt: das *Kosten-Nutzen-Prinzip*. Wir können diesbezüglich der Kürze halber mit Boulding von ‚ökonomischer Ethik' sprechen. Es handelt sich hierbei um ein rein formales Prinzip, das verlangt, daß wir bei unseren Entscheidungen, so gut es geht, alle Kosten bzw. Aufwendungen und alle Nutzen bzw. Erträge in Rechnung stellen sollen. Dieses Prinzip findet sich bereits früh im ökonomischen Schrifttum – weit vor der Herausbildung der sogenannten neoklassischen Lehre. Jean-Baptiste Say, ein Ökonom, der zu Beginn des vergangenen Jahrhunderts zu den einflußreichsten Theoretikern des europäischen Kontinents zählte, geht soweit, zu behaupten, „daß das Laster sich am Ende der Rechnung als nichts anderes erweist, als eine fehlerhafte Kalkulation." (1821, S. 42) Und in seinem erstmals im Jahr 1803 veröffentlichten *Traité d'Economie Politique* wagt Say einen Vergleich der im Entstehen begriffenen politischen Ökonomie mit der ‚Philosophie Newtons' und schließt unter Bezug auf letztere: „Man wird schließlich begreifen, daß es Untersuchungen von ungleich größerer Bedeutung gibt als diese, gemessen an ihrem Einfluß auf das Glück und Wohlergehen der Menschheit." Und weiter heißt es: „In den normalen Angelegenheiten des Lebens wird die Menschheit fortan von den Maximen allgemeiner Vernunft und nicht länger von den falschen Lichtern einer Transzendentalphilosophie geleitet werden." (Say, 1971, S. lix f.)

Das genannte Prinzip sagt nichts darüber, was im einzelnen unter Kosten und was unter Nutzen zu verstehen ist. Es sagt auch nichts darüber, wie verschiedenartige Kosten und Nutzen zu bewerten sind, mittels welchen Schlüssels sie vergleichbar, kommensurabel gemacht werden, was sozusagen das gemeinsame Dritte zweier verschiedener Dinge ist. Vielmehr wird unterstellt, daß die fragliche Unterscheidung zwischen Kosten und Nutzen bzw. diejenige zwischen ‚Gütern' und ‚Ungütern' sowie der gesuchte Schlüssel integrale Bestandteile der Präferenzordnung eines jeden Individuums sind. Individuen sind die einzige und ausschließliche Quelle ethischen Werts. Die Frage nach der *ethischen Substanz* individueller Urteile ist ganz im Sinn des der neoklassischen Theorie zugrundeliegenden *methodologischen Individualismus* zurückverwiesen auf das einzelne Subjekt und seine Präferenzordnung bzw. Zielfunktion. Da keine zwei Menschen einander völlig gleichen, wird man davon ausgehen können, daß ebensoviele unterschiedliche Bestimmungen dessen existieren, was Güter und was Ungüter sind, und ebensoviele unterschiedliche Umrechnungsschlüssel, wie es Individuen in der betrachteten Gesellschaft gibt. Die Wirtschaftswissenschaft hat die Präferenzordnungen als Teil des Datensatzes der von ihr angestrebten Erklärung ökonomischer Sachverhalte zur Kenntnis zu nehmen, aber sie hat sie weder zu hinterfragen noch obliegt es ihr, über sie zu urteilen. In seiner vor der Bonner Staatswissenschaftlichen Fakultät im Juni 1932 gehaltenen Abschiedsrede zum Thema ‚Das Woher und Wohin unserer Wissenschaft' führt J. A. Schumpeter aus, „daß nach meiner Auffassung, und, wie ich glaube, nach der Tendenz, die sich durchzusetzen strebt, die Ökonomie eine *ethisch indifferente,* d. h. ihrem Gegenstand ethisch indifferent gegenüberstehende Einzelwissenschaft ist." Sie habe zu sagen, „was ist und was sein wird, und nicht zu werten." (Schumpeter, 1952, S. 601)

Schumpeter sollte mit seiner Prognose weitgehend recht bekommen. Mit Blick auf die heute dominierende neoklassische Richtung der Wirtschaftstheorie kann mit Tietzel tatsächlich von einer „zutiefst a-moralischen Wissenschaft" (1986, S. 113) gesprochen werden. In der Vergangenheit lagen die Dinge zum Teil gänzlich anders. In Deutschland beispielsweise herrschte etwa von der Mitte des vorigen Jahrhunderts bis zum ersten Weltkrieg die sogenannte *historische Schule,* die sich auch als historisch-ethische Richtung der Nationalökonomie bezeichnete. Im wesentlichen handelt es sich um eine akademische Reaktion auf die sich im Zuge der industriellen Revolution stellende ‚soziale Frage'. Die von den sogenannten *Kathedersozialisten* gegebene Antwort auf die immer drängender werdenden Probleme lautete: aktive Sozialpolitik. In Schumpeters obigem Wort klingt u. a. seine Kritik an der von den Vertretern der historischen Schule geäußerten Auffassung nach, der Wissenschaftler habe gerade auch darüber zu befinden, was sein *soll.* Gegen die Vorstellung vom Wissenschaftler als einer moralischen Instanz zog bekanntlich auch Max Weber mit seiner Forderung zu Felde, der Wissenschaftler habe sich um ‚Werturteilsfreiheit' in seinen Analysen zu bemühen.

Wir können an dieser Stelle nicht länger bei der aufgeworfenen Frage verweilen, sondern wenden uns wieder der modernen Theorie zu. Wir haben gesehen, daß in deren Zentrum der nur seinem eigenen Interesse verpflichtete *homo oeconomicus* steht. Was, so fragen wir jetzt weiter, läßt sich über eine Gesellschaft aussagen, die aus *homines* der skizzierten Art zusammengesetzt ist? Dies führt uns auf das Gebiet der allgemeinen Gleichgewichtstheorie und speziell der Wohlfahrtsökonomik. Einige kurze Bemerkungen müssen genügen.

III. Paretianische Ethik und Utilitarismus

Für sich genommen ist die Annahme, das Wirtschaftssubjekt verfolge ausschließlich sein Eigeninteresse, nur mäßig interessant. Man mag sie als mehr oder weniger gute Approximation an die wirklichen Verhältnisse auffassen und je nachdem als Arbeitshypothese akzeptieren oder verwerfen. Aber die Annahme einmal gesetzt – interessant wird es erst dann, wenn es zur Frage kommt, welche Ergebnisse von den ihr Eigeninteresse verfolgenden Individuen tatsächlich erreicht werden. Gelingt es ihnen auf die Dauer und im Durchschnitt, ihre Ziele im Rahmen der jeweils durch Einkommen und Vermögen aller Art beschränkten Möglichkeiten zu realisieren? Und wichtiger noch: Führt selbstsüchtiges Verhalten zu sozial wünschenswerten Resultaten?

Es ist gerade die Bejahung der zweiten Frage durch die neoklassische Theorie des allgemeinen Gleichgewichts, die der starken Annahme rein eigeninteressierten Verhaltens eine so große Bedeutung beimißt. Denn das eigentlich Verblüffende liegt im Nachweis, daß selbst dann, wenn alle Individuen nur auf ihr Eigeninteresse bedacht sein sollten, gleichwohl kein Anlaß zur Befürchtung besteht, die Gesellschaft müsse notwendig in Zwietracht und Chaos enden. Eine auf Privateigentum, Vertrags- und Koalitionsfreiheit gegründete Gesellschaft ist, so lautet die Quintessenz des Arguments, zur Selbststeuerung fähig, sie organisiert sich im freiem Spiel der Kräfte und bedarf, von Ausnahmen abgesehen, nicht der Regulierung durch einen zentralen Akteur, genannt ‚Staat'. Mehr noch: Eine moralischer Vorgaben enthobene, von bürokratischer Reglementierung befreite, staatlich nicht gegängelte Wirtschaft erzielt allgemein bessere Resultate. Die ‚freie Marktwirtschaft' ist mit anderen Worten nicht nur lebensfähig, sondern jeder anderen Wirtschafts- und Gesellschaftsform überlegen, und zwar überlegen im Sinn der besseren Zielerreichung durch die ihr angehörenden Individuen.

Diese Auffassung geht nach weitverbreiteter Lehrmeinung auf Adam Smith, einen der Begründer der Politischen Ökonomie, wie unser Fach damals hieß, zurück. In der Formulierung A. Schotters: ,,Adam Smith behauptete, daß nichts weiter nötig sei als Selbstsucht, um gesellschaftlich optimale Resultate zu erzielen." (1985, S. 2) Wir werden später sehen, daß diese vielfach anzutreffende Deutung die Gesellschaftstheorie Smiths entscheidend verkürzt und verzerrt. Richtig ist jedoch, daß er eine Lanze für das ‚klare und einfache System der natürlichen Freiheit' brach und sich von der Beseitigung merkantiler Barrieren gegen Handel und Gewerbe eine wohlstandsvermehrende Entfesselung der Produktivkräfte versprach – durchaus nicht zu unrecht, wie wir wissen. Aber Smith war keineswegs der Propagandist eines ungezügelten Kapitalismus, als der er häufig dargestellt wird.

Dies trifft vielmehr auf einige Vertreter der neoklassischen Richtung und insbesondere ihrer österreichischen Variante zu. Ludwig von Mises beispielsweise attackiert in seinem Aufsatz ‚Die psychologischen Wurzeln des Widerstandes gegen die nationalökonomische Theorie' – gemeint ist die neoklassische Theorie – frontal die von ihm so genannte *antichrematistische Ethik*. Die Nationalökonomie zeichne sich dadurch aus, daß sie „bewußt wertfrei die Markterscheinungen erklärt. Preis- und Zinssteigerungen und Lohnsenkungen, die man sonst auf die Habsucht und Herzlosigkeit der Reichen zurückführte, werden da ganz natürlich als Reaktion des Marktes auf Veränderungen von Angebot und Nachfrage zurückgeführt, und es wird gezeigt, daß eine arbeitsteilige, auf dem Sondereigentum beruhende Gesellschaftsordnung ohne diese Regelung durch den Markt gar nicht bestehen könnte." Er fährt fort: „Was als moralisches Unrecht, ja als strafwürdiges Verbrechen verdammt wurde, wird hier gewissermaßen als Naturerscheinung angesehen. Kapitalisten, Unternehmer und Spekulanten erscheinen nicht mehr als Schmarotzer und Ausbeuter, sondern als Organe der gesellschaftlichen Organisation, deren Funktion schlechthin unentbehrlich ist. Das Herantragen pseudomoralischer Maßstäbe an Vorgänge des Marktes verliert jede Berechtigung, die Begriffe Wucher, Preistreiberei, Ausbeutung werden ihres ethischen Sinns entkleidet und damit ganz sinnlos." Die Ausführung gipfelt in der Behauptung: „Und schließlich führt die Wissenschaft mit harter und unwiderlegbarer Logik den Nachweis, daß die Ideale der Gegner des Erwerbslebens hohl sind, daß sozialistische Gesellschaftsordnung unverwirklichbar und daß interventionistische Gesellschaftsordnung sinn- und zweckwidrig, daß also die Marktwirtschaft die einzig mögliche Ordnung gesellschaftlicher Kooperation ist." (1931, S. 289)

Nach diesem Feuerwerk von Behauptungen teilweise höchst apologetischen Zuschnitts empfiehlt es sich, genauer zu betrachten, was die heutige Wissenschaft ‚mit harter und unwiderlegbarer Logik' zu beweisen imstande ist.

Unter gewissen, keineswegs harmlosen Prämissen (wie insbesondere Abwesenheit von Externalitäten) läßt sich zeigen, daß selbstsüchtiges Verhalten ökonomisch *effizient* ist. Ökonomische Effizienz ist auch als *Paretooptimalität* bekannt und definiert einen Zustand, der dadurch gekennzeichnet ist, daß sich kein Individuum besserstellen kann, ohne daß sich wenigstens ein anderes schlechter stellt. Ausgehend von einer paretooptimalen Situation sind also Nutzengewinne einzelner Wirtschaftssubjekte immer mit Nutzenverlusten anderer verbunden. Das Kriterium der Paretooptimalität ist, wie wir noch sehen werden, der älteren *utilitaristischen* Tradition verhaftet, die die in der Wirtschaftswissenschaft lange Zeit hindurch dominierende ethische Richtung darstellte.[5]

Die moderne Wohlfahrtstheorie ist mit der Annahme selbstsüchtigen Verhaltens als einziger Grundlage ökonomischer Wahlhandlungen und dem Paretooptimum als einzigem Beurteilungskriterium gesellschaftlicher Zustände auf ein extrem enges Feld festgelegt. Eine der wichtigsten auf diesem Feld gewonnenen Aussagen ist das sogenannte *Fundamentale Theorem der Wohlfahrtsökonomik,* das besagt, daß unter bestimmten Bedingungen jedes Konkurrenzgleichgewicht paretooptimal ist. Diese Korrespondenz wird gelegentlich als strenger Beweis der sozialen Erwünschtheit des Marktsystems interpretiert. Allerdings ist neuerlich darauf hinzuweisen, daß dieser Beweis an harte Bedingungen geknüpft ist, von denen nicht unterstellt werden kann, daß sie in der Realität erfüllt sind.[6] Insbesondere sei schon jetzt darauf hingewiesen, daß von Situationen der Art des sogenannten *Gefangenen-Dilemmas,* das weiter unten kurz behandelt werden wird, abstrahiert werden muß.

Interessanter noch ist vielleicht das sogenannte *Umkehrtheorem*. Es besagt, daß unter einigen weiteren Bedingungen (insbesondere der Abwesenheit steigender Skalenerträge) jedes Paretooptimum auch ein vollkommenes Konkurrenzgleichgewicht ist, dem eine bestimmte Vermögensverteilung der Individuen entspricht. Dieses Theorem hat zur in Fachkreisen verbreiteten Meinung geführt, daß der allerbeste gesellschaftliche Zustand *wenigstens* paretooptimal sein müsse und mittels des Wettbewerbsmechanismus erreicht werden könne. Darüber hinaus bietet das Umkehrtheorem einen Ansatzpunkt zur Erörterung der Frage, wie gegebenenfalls *Verteilungsgerechtigkeit* hergestellt werden kann, wobei zunächst zu spezifizieren wäre, was darunter zu verstehen ist. Der ethische Gehalt des Paretokriteriums ist ja vor allem deshalb so bescheiden, weil es den Aspekt der Verteilungsgerechtigkeit gänzlich ausspart. So kann eine Situation durchaus paretooptimal sein, in der die Mehrzahl der Menschen gerade das Nötigste zum Existieren hat, während eine kleine Minderheit im Überfluß lebt. Krasse Ungleichheiten in der Verteilung der Lebenschancen widersprechen nicht dem Paretokriterium. Besitzt man jedoch einen Begriff von Verteilungsgerechtigkeit, so ist dies gleichbedeutend damit, daß aus der Zahl alternativer Paretooptima eines ausgewählt wird. Letzteres – so die Überlegung weiter – läßt sich nun aufgrund des Umkehrtheorems marktwirtschaftlich realisieren. Vonnöten sei lediglich die Anpassung der tatsächlich vorgefundenen Vermögensverteilung an jene, die das gesuchte ‚verteilungsgerechte' paretooptimale Konkurrenzgleichgewicht erzeugt. Vonnöten ist mit anderen Worten eventuell nicht weniger als eine drastische Umverteilung des Vermögens, im Grenzfall: eine soziale Revolution.[7]

Auf die damit angeschnittene Frage der politischen Durchsetzbarkeit eines wie auch immer gefaßten Konzepts der Verteilungsgerechtigkeit muß an dieser Stelle nicht weiter eingegangen werden. Wir wenden uns stattdessen kurz der utilitaristischen Tradition wohlfahrtsökonomischen Denkens zu, die im Paretokriterium nachklingt.

Gemäß Sen und Williams (1982) basiert der klassische Utilitarismus auf drei Momenten: (a) Wohlfahrtsorientierung, (b) Summenrangordnung und (c) Folgenorientierung. Unter Wohlfahrtsorientierung *(welfarism)* ist zu verstehen, daß die individuellen Niveaus des Wohlergehens bzw. Nutzens die einzig zulässige Basis für die Zuordnung ethischen Werts darstellen. Dies bedeutet, daß die Menge der ethisch relevanten Informationen bezüglich einer bestimmten sozialen Situation auf einen Satz von Nutzenniveaus verdichtet wird, in dem jedes Individuum mit einem Wert vertreten ist. Das Moment der Summenrangordnung *(sum-ranking)* besagt, daß zur Ermittlung des genauen ethischen Werts, wie er einer gegebenen sozialen Situation beizumessen ist, die verschiedenen individuellen Nutzenniveaus zu addieren sind. Das heißt, der ethische Wert einer Situation ist gleich der Summe der Nutzen der betreffenden Individuen. Das Moment der Folgenorientierung *(consequentialism)* schließlich beinhaltet die Vorschrift, daß Entscheidungen betreffend Handlungen, die die soziale Situation beeinflussen oder bestimmen, nur unter Bezug auf den ethischen Wert jener sozialen Situation getroffen werden sollen, welche sich als Konsequenz der Handlung ergibt. Mit anderen Worten: Aus der Menge alternativer Aktionen ist jene auszuwählen, die den sich ergebenden Gesamtnutzen maximiert.

Gegen jedes dieser Momente lassen sich Einwände vorbringen. So ist gegen die ausschließliche Orientierung am Nutzenkriterium und die Vernachlässigung zusätzlicher ethisch relevanter Informationen von Sen (1979) folgendes Beispiel mit zwei Individuen und drei verschiedenen sozialen Zuständen, x, y, und z, angeführt worden (vgl. Tabelle 1):

Tabelle 1

Sozialer Zustand

	x	y	z
Nutzen von Individuum 1	4	7	7
Nutzen von Individuum 2	10	8	8

Das Kriterium der Wohlfahrtsorientierung impliziert offenbar, daß die Zustände y und z als ethisch gleichwertig gelten, da die individuellen Nutzengrößen identisch sind. Läßt sich dieses Urteil auch dann noch aufrechterhalten, wenn man folgende Zusatzinformationen berücksichtigt? Situation x ist dadurch gekennzeichnet, daß Person 1 Hunger leidet, während Person 2 reichlich ißt. Situation y ist dadurch charakterisiert, daß die verfügbaren Nahrungsmittel im Verhältnis zur Ausgangslage zugunsten von Personen 1 umverteilt sind. In Situation z schließlich ist die Nahrungsmittelversorgung wieder die alte, aber Person 1, einem Sadisten, ist es erlaubt, Person 2 zu quälen, wobei letztere – unglücklicherweise – kein Masochist ist. Für den Utilitaristen ist diese Information unerheblich; er interessiert sich nur für die Nutzenniveaus, nicht jedoch dafür, wie es zu ihnen kommt. Will man jedoch zur Beurteilung der beiden Situationen y und z und ihres jeweiligen Verhältnisses zu x die zusätzlichen Informationen berücksichtigen, so muß notwendig mit dem Moment der Wohlfahrtsorientierung gebrochen werden.

Höchst problematisch ist auch das zweite konstitutive Moment des Utilitarismus. Tatsächlich unterscheidet sich die paretianische Ethik vom Utilitarismus im wesentlichen dadurch, daß sie von der Addierbarkeit der individuellen Nutzenniveaus Abstand nimmt. Das Moment der Summenrangordnung setzt voraus, daß *interpersonelle Nutzenvergleiche* möglich sind. Von verschiedenen Autoren ist zurecht darauf aufmerksam gemacht worden, daß der Utilitarismus damit in Widerspruch zu seiner individualistischen Grundtendenz gerät. So schreibt Hamlin: „Es ist eine der Ironien des Utilitarismus sowie der Verallgemeinerung des Utilitarismus in Gestalt einer sozialen Wohlfahrtsfunktion, daß die Theorie zwar einerseits individualistisch ist in dem Sinn, daß nur Individuen zählen, sie jedoch andererseits völlig anti-individualistisch ist in dem Sinn, daß Individuen nur als Mittel gesehen werden." (1986, S. 68) Faktisch löscht die Annahme der Möglichkeit interpersoneller Nutzenvergleiche die ‚Individualität' der betrachteten Individuen aus und erklärt sie implizit als ethisch unbedeutend.

Gegen das dritte Moment schließlich, die Beurteilung einer Handlung auf der Grundlage des sich daraus ergebenden Endzustands, läßt sich einwenden, daß dies im Fall von Unsicherheit über die Folgen der Handlung zu unplausiblen Resultaten führen kann. Die Folgenorientierung oder konsequentialistische Ausrichtung des Utilitarismus wird grundsätzlich von Vertretern *prozeduraler* ethischer Theorien in Frage gestellt, deren radikale Variante verlangt, daß Situationen ausschließich danach zu beurteilen seien, wie sie zustandegekommen sind. Prozedurale Theorien haben in jüngster Zeit beachtlich an Anhängerschaft in den Sozialwissenschaften gewonnen. Gegenwärtig werden vor allem die *vertragstheoretischen Ansätze* von Rawls (1971), Nozick (1974) und Buchanan (zuletzt 1986) diskutiert. Gemeinsames Merkmal dieser in der Tradition des Liberalismus stehenden Ansätze ist, daß die Freiheit der Individuen als Ziel an sich gewertet wird und unter freien Individuen zustandegekommene Verträge ethisch positiv einzuschätzen sind, unabhängig von den Konsequenzen, die sich aus diesen Verträgen ergeben.[8]

Die Momente (a) und (b) der utilitaristischen Auffassung implizieren, daß alle ethisch relevanten Werte ein *gemeinsames Maß* besitzen, d.h. kommensurabel sind. Wie bereits gesagt, ist es ein charakteristisches Merkmal der paretianischen Ethik, daß sie die Prämisse der Kommensurabilität in einer Hinsicht zurückweist: *Inter*personelle Nutzenvergleiche (im Unterschied zu den *intra*personellen) sind nicht möglich, jedes Individuum ist ethisch vollständig unabhängig und besitzt gegenüber von außen kommenden Änderungen seiner Lage ein effektives Vetorecht.

Offenbar ist das Paretokriterium als ethische Richtschnur

zur Beurteilung von gesellschaftlichen Veränderungen nur beschränkt verwendbar. Im Grunde läuft es auf eine Einstimmigkeitsregel hinaus. Immer dann, wenn es wenigstens ein Individuum gibt, das die alte Situation einer möglichen neuen vorzieht, kann nicht zu letzterer übergegangen werden, selbst wenn sich dies für viele der sonstigen Indivduen – im Grenzfall: alle – als vorteilhaft erweisen sollte. Die engen Grenzen des Anwendungsbereichs des Paretokriteriums haben einige Ökonomen dadurch zu erweitern versucht, daß sie die Möglichkeit *hypothetischer Kompensationszahlungen* in die Überlegung miteinbeziehen. Sobald die Gewinner einer Maßnahme im Grundsatz imstande sind, die Verlierer zu kompensieren, und darüber hinaus einen Nettogewinn erzielen, wird die Maßnahme als potentielle Paretoverbesserung bezeichnet. Es läßt sich jedoch zeigen, daß der sogenannte Kompensationstest nicht ohne interpersonelle Nutzenvergleiche auskommt und damit gegen die Grundlage des Paretianismus verstößt.

Abschließend ist der Hinweis angebracht, daß die gelegentlich anzutreffende Ansicht, beim Paretokriterium handele es sich um den kleinsten gemeinsamen Nenner aller individualistischen ethischen Theorien, nicht zu halten ist. Wie wir bereits am Beispiel der gleichfalls individualistisch ausgerichteten Vertragstheorien gesehen haben, sind die Momente (a) und (c), die die paretianische Auffassung vom Utilitarismus übernimmt, nicht unstrittig.

Im Verlauf der erfolgten knappen Erörterung wesentlicher Aspekte der modernen Wohlfahrtstheorie ist verschiedentlich angemerkt worden, daß der Ansatz gerade auch unter ethischem Blickwinkel in mehrerlei Hinsicht zu kurz greift. Es könnte sogar bestritten werden, daß es bislang überhaupt zu einer nennenswerten Diskussion ethischer Fragen gekommen ist. Zwar war viel von Präferenzen die Rede – allein, wie Boulding feststellt: „Ein moralischer oder ethischer Satz ist eine Feststellung über eine Rangordnung der Präferenz zwischen Alternativen, die für mehr als eine Person gelten soll. Eine Präferenz, die nur auf eine Person zutrifft, ist ‚Geschmack'." (1973, S. 103 f.) Dies führt uns unmittelbar zu einem Einwand gegen die bislang verabsolutierte individuelle Rationalität sowie sich daran anschließende Überlegungen zur Herausbildung *kooperativer* Strategien. Die Rede ist vom *Gefangenen-Dilemma*.

IV. Das ‚Gefangenen-Dilemma‘

Die eigensinnige Verfolgung selbstgesteckter Ziele ist nicht immer erfolgreich. In bestimmten Situationen ist es für die beteiligten Individuen im eigenen Interesse vielmehr von Vorteil, ihr Verhalten gewissen Beschränkungen zu unterwerfen. Als Beispiel kann die Ordnung des Straßenverkehrs genannt werden, die u.a. festlegt, auf welcher Seite der Straße im allgemeinen zu fahren ist.

In der spieltheoretischen Literatur sind Situationen der genannten Art unter dem Stichwort ‚Gefangenen-Dilemma‘ bekannt. Sie sind dadurch charakterisiert, daß zwar jede Person unter gewissen Bedingungen eine streng dominante individuelle Strategie besitzt, mittels derer sie die eigenen Interessen am besten zu wahren imstande ist, egal, was die anderen tun. Zugleich würden aber die Interessen eines jeden besser zum Zuge kommen, wenn alle eine andere, *kooperative* Strategie wählen würden. M.a.W.: Es wäre für alle vorteilhaft, ‚moralisch‘ zu sein, d.h. ihren Handlungsspielraum freiwillig zu beschränken.

Das üblicherweise zur Verdeutlichung des Gefangenen-Dilemmas herangezogene Beispiel lautet etwa wie folgt: Angenommen, zwei Einbrecher werden kurz nach der Tat gefaßt; von der Beute haben sie sich jedoch noch rechtzeitig trennen können. Die Polizei ist von ihrer Schuld überzeugt, besitzt jedoch nicht genügend Beweise, um sie zu überführen. Auf der Polizeistation werden die beiden in getrennten Räumen verhört und aufgefordert, das Verbrechen zu gestehen. Wenn keiner der beiden gesteht, kann die Polizei sie nicht des Einbruchs und Diebstahls anklagen, sondern nur des geringeren Delikts der unterlassenen Hilfeleistung zur Verhinderung bzw. Aufklärung eines Verbrechens. In diesem Fall müssen beide Delinquenten mit einer Gefängnisstrafe von zwei Monaten rechnen. Gesteht indes einer der beiden, der andere jedoch nicht, so kommt der Geständige wegen seiner Kooperationsbereitschaft zur Überführung des anderen mit einer glimpflichen Geldstrafe davon, während dem anderen drei Jahre (36 Monate) Gefängnis drohen. Gestehen jedoch beide, so werden beide angeklagt und müssen mit je zwei Jahren (24 Monaten) Haft rechnen. Tabelle 2 gibt das Entscheidungsproblem der beiden bezüglich der drohenden Gefängnisstrafen (in Monaten) wieder.

Tabelle 2

		Delinquent 2	
		gesteht	gesteht nicht
Delinquent 1	gesteht	24 / 24	0 / 36
	gesteht nicht	36 / 0	2 / 2

Offenbar ist für jeden der Einbrecher die Lage dann am ungünstigsten, wenn er selbst die Tat leugnet, sein Komplize sie jedoch gesteht; sie ist am günstigsten, wenn er selbst gesteht, der andere aber nicht. Sollten beide sich gleich verhalten, so ist das Nichtgeständnis günstiger als das Geständnis.

Handelt es sich nun bei beiden Einbrechern um rationale Akteure, die die drohende Haftstrafe zu minimieren trachten, so werden beide gestehen. Dies ist leicht erklärt. Erwartet der eine der beiden, daß der andere nicht gesteht, so kann er durch sein eigenes Geständnis das Gefängnis gänzlich umgehen, während er andernfalls mit zwei Monaten rechnen muß. Erwartet er jedoch, daß der andere gesteht, so fährt er wiederum am besten, wenn auch er gesteht, denn dann erwarten ihn statt 36 Monaten nur 24. Unabhängig davon also, was der jeweils andere tut, ist die beste Strategie für einen jeden, zu gestehen. Beide werden mithin für 24 Monate hinter Gittern verbringen.

Individuell rationales, eigeninteressiertes Verhalten führt in der vorliegenden Situation folglich nicht zur für beide (d.h. kollektiv) besten Lösung. Letztere würde sich dann ergeben, wenn beide die *kooperative* Strategie gemeinsamen Leugnens der Tat wählen würden.

Dem aufmerksamen Leser wird nicht entgangen sein, daß das vorgelegte spezielle Beispiel nur in ironisierender Weise den eingangs aufgestellten Satz zu belegen imstande ist, wonach es sich unter Umständen auszahlt, ,,moralisch" zu sein, d.h. Beschränkungen des eigenen Handlungsspielraums hinzunehmen und soziale Rücksicht zu üben. Im behandelten Fall würde die für die beiden Delinquenten als vorteilhaft ausgewiesene kooperative Strategie implizieren, daß sie gegen den moralischen Grundsatz, nicht zu lügen, verstoßen müßten, während sie gerade bei individuell rationalem Verhalten die moralisch einwandfreie Alternative wählen würden, nämlich die Wahrheit zu sagen. Zugleich verdeutlicht das Beispiel die Alltagserfahrung, daß soziale Gruppen, die bestimmte Verhaltensregeln befolgen, selbst wenn diese in einem übergeordneten Sinn als unmoralisch anzusehen sind, sich gegenüber anderen Mitgliedern der Gesellschaft Vorteile verschaffen können. Die Absprache unter Firmen gegenüber öffentlich ausgeschriebenen Aufträgen mag als Beispiel dienen. Die strikte Befolgung einer vom Rest der Gesellschaft im Fall ihres Bekanntwerdens als unmoralisch angesehenen ‚Binnenmoral' der beteiligten Firmen schanzt letzteren Gewinne zu, die sie bei Verfolgung isolierter Strategien nicht erzielen könnten.

Die vom Gefangenen-Dilemma erfaßten Situationen stellen freilich nicht notwendig auf Individuen ab, die, wie im vorliegenden Beispiel, in dem Sinn unmoralisch sind, daß sie zu *jeder* Aussage bzw. Tat bereit sind, wenn es nur ihrem eng definierten Interesse dient. Statt des vorgestellten Beispiels *rationaler Krimineller* ließe sich ohne weiteres ein Beispiel *rationaler Moralisten* konstruieren, die sich einer ähnlichen Zwickmühle gegenübersehen würden (vgl. Parfit, 1984). Wichtig ist nur, daß sich die betrachteten Moralisten hinsichtlich ihrer Zielordnungen unterscheiden. Wiederum würde gelten, daß eine gemeinsame Strategie der Beteiligten, d.h. die Befolgung einer ‚Metamoral', einen jeden besserstellen würde als die isolierte Verfolgung der selbstgewählten moralischen Grundsätze. Vielleicht lassen sich Auseinandersetzungen wie die zwischen Katholiken und Protestanten in Nordirland oder zwischen Sikhs und Hindus im Punjab unter anderem als Beleg der Richtigkeit dieser Aussage deuten.

Angesichts der Lernfähigkeit des Menschen ist es plausibel anzunehmen, daß die Vorteilhaftigkeit kooperativen Verhaltens in wiederkehrenden Situationen der Art der Gefangenen-Dilemmas mehr oder weniger schnell erkannt wird und sich ein Satz von Verhaltensregeln herausbildet, der von den meisten Beteiligten verfolgt wird. Experimentelle Studien spieltheoretischen Verhaltens bestätigen dies bis zu einem gewissen Grad (vgl. den Überblick bei Sen, 1987, S. 83 ff.). Allerdings ist im allgemeinen nicht prognostizierbar, welche Verhaltensbeschränkungen bzw. welche ‚Moral' sich als kooperative Lösung ergibt. Bei den meisten Problemen ist nämlich davon auszugehen, daß mehrere Lösungen existieren und darunter wieder einige, die annähernd gleich gut sind. Als triviales Beispiel sei die Möglichkeit der Ordnung des Straßenverkehrs entweder durch die Vorschrift des Links- oder diejenige des Rechtsverkehrs genannt.

In gewissem Sinn kann daher davon gesprochen werden, daß es sich bei einer freiwillig und allgemein akzeptierten Moral um ein *öffentliches Gut* handelt, das jedem einzelnen zum Vorteil gereicht. Hierzu steht nicht im Widerspruch, daß jede Moral als kollektive Antwort auf eine Situation der Art des Gefangenen-Dilemmas immer gefährdet ist. Es läßt sich nämlich zeigen, daß sich unter Umständen einzelne, die sich nicht an die von allen anderen befolgten Verhaltensbeschränkungen halten, ökonomisch noch besser stellen können. Je mehr Personen als sogenannte *free riders* auftreten, desto größer die Gefahr der Erosion der Moral einer Gesellschaft, weil die sich moralisch verhaltenden Personen irgendwann erkennen werden, daß ihnen ihre Moralität nur Nachteile bringt: ‚You can't fool all of the people all of the time'.

Nach diesem knappen Überblick über einige ethisch relevante Aspekte modernen wirtschaftstheoretischen Denkens kehren wir kurz zu dessen Anfängen – dem Werk Adam Smiths – zurück.

V. Adam Smith: Moralphilosoph und Ökonom

Bekanntlich handelt es sich in der Politischen Ökonomie um einen Ableger der Moralphilosophie und Ethik, der sich erst allmählich um die Wende vom 18. zum 19. Jahrhundert als eigenständige Disziplin zu etablieren begann. Diese Herkunft der Politischen Ökonomie zeigt sich exemplarisch an der Person Adam Smiths (1723–1790), des wohl bedeutendsten unter den Begründern der neuen Disziplin. Smith war Professor für Moralphilosophie und Logik in Glasgow, und als er 1776 mit seinem bahnbrechenden Werk *An Inquiry into the Nature and Causes of the Wealth of Nations* (im folgenden kurz *WN*) auf den Plan trat, war er als Autor der 1759 publizierten *Theory of Moral Sentiments* (im folgenden kurz *TMS*) ein bereits weithin gerühmter Gelehrter; auf dem Kontinent äußerte sich u.a. Kant anerkennend über ihn.

Das Heraufkommen der neuen kapitalistischen Wirtschafts-

und Gesellschaftsordnung wurde von einer fundamentalen Änderung der geltenden Moralvorstellungen begleitet. Smith versuchte mit seiner moralphilosophisch basierten Politischen Ökonomie u.a. die beobachtete Umwertung der tradierten Werte zu erklären und bis zu einem gewissen Grad auch zu legitimieren. Dies betrifft insbesondere seinen Versuch der ethischen Neubestimmung der Chrematistik bzw. des *Profitmotivs*. Wollte man die neue Gesellschaftsordnung im großen und ganzen gutheißen, so kam man nicht umhin, arbeitsloses Einkommen in Form von Zins und Kapitalprofit in der einen oder anderen Weise erklärend zu rechtfertigen. Ein ehedem als Leidenschaft gebrandmarkter Affekt, der Bereicherungstrieb, war folglich umzudeuten in ein legitimes menschliches Interesse.

Smith geht dieses Problem in zwei Schritten an. Im ersten attestiert er dem Menschen eine von Natur aus gegebene Neigung zum Tausch und Handel: dem Menschen sei, wie es ein Interpret ausgedrückt hat, eine Kontraktlogik angeboren. Diese angebliche anthropologische Eigenschaft mache einen jeden mehr oder weniger zum Händler *(merchant)*. Die bürgerliche Gesellschaft, deren Hauptmerkmal darin besteht, daß so gut wie alles und jedes zur *Ware* wird, ist im Kern eine *merchant society* und bringt insoweit nur diese angeborene Eigenschaft zum Ausdruck. Der antichrematistische Zug der aristotelischen und scholastischen Ethik beruht daher auf einem Mißverständnis über die wahre Natur des Menschen.

Diese pure Setzung ergänzt Smith in einem zweiten Schritt durch folgendes Argument. Infolge der Befreiung des Gewerbefleißes von Hemmnissen aller Art kommt es zu einer gewaltigen Entfaltung der Produktivkräfte und Steigerung des durchschnittlichen Pro-Kopf-Einkommens. Die Steigerung des gesellschaftlichen Reichtums ist jedoch die Vorbedingung für die Verfeinerung der Kultur und Moral einer Gesellschaft. Im sogenannten ‚ursprünglichen Zustand der Gesellschaft', den Smith ‚wild und roh' nennt, d.h. vor der privaten Aneignung des Bodens und der Verwendung produzierter Produktionsmittel in nennenswertem Umfang, ist die Moral eine bloße Überlebensmoral. Erst die allgemeine Verbesserung der materiellen Versorgung der Bevölkerung schafft die Voraussetzung dafür, daß sich nicht nur eine kleine Kaste privilegierter Aristokraten, Priester und Philosophen, sondern ein wachsender Teil der Gesellschaft der Verfeinerung der Lebensart und Sublimierung der moralischen Empfindungen widmen kann.

Da es sich bei der modernen Gesellschaft der Smithschen Sicht zufolge um eine Klassengesellschaft handelt, koexistieren, wie Smith im *WN* schreibt, verschiedene Moralvorstellungen. So besitzen die unteren Klassen, deren Angehörige am Rande des historisch definierten Existenzminimums leben, eine ‚strenge und durch Enthaltsamkeit geprägte Moral' – Leichtsinn können sich arme Leute nicht leisten. Die um sich greifende Kommerzialisierung und insbesondere die Organisation der Produktion in Manufakturen befördere überdies in der Arbeiterschaft die Tugenden der ‚Redlichkeit' und ‚Pünktlichkeit', eine der großen zivilisatorischen Leistungen des Industriesystems. In gewissen wohlhabenden Schichten hingegen herrsche ein ‚liberales und lockeres System der Moralität' (vgl. *WN,* 1976, Bd. II, S. 315f.).

Von zahlreichen Interpreten des Smithschen Werkes ist zwischen dem *WN* und der *TMS* ein unüberbrückbarer Gegensatz konstruiert worden. Ein wesentlicher Aspekt dieses behaupteten Gegensatzes besteht darin, daß im *WN* angeblich ein Bild vom Menschen entworfen wird, das diesen als ausschließlich eigennütziges Wesen ausweist, während sich die *TMS* gerade darum bemüht, die gesellschaftsbezogenen Motive und Regungen des Menschen herauszuarbeiten.

Diese Auffassung läßt sich nicht halten. Richtig ist jedoch, daß im *WN* die Resultate eigeninteressierten Verhaltens im Vordergrund stehen. Wie bereits gesagt, begriff Smith die moderne bürgerliche Gesellschaft im Kern als *merchant society:* eine immer größere Zahl ökonomischer Transaktionen wird über Märkte abgewickelt, bei zunehmender gesellschaftlicher Arbeitsteilung und rapider Ausbreitung der Geldwirtschaft. Klärungsbedürftig war in erster Instanz die Frage, ob und wie das sich entfaltende privat-dezentrale Wirtschaftssystem funktioniert. Die von Vertretern der These, beim Smith des *WN* handle es sich um einen Propheten rein eigeninteressierten Verhaltens, üblicherweise als Beleg zitierte Textstelle lautet: ,,Wir erwarten uns unser Abendessen nicht von der Wohltätigkeit des Fleischers, Braumeisters oder Bäckers, sondern von deren Bedacht auf ihr eigenes Interesse. Wir wenden uns nicht an ihre Menschlichkeit, sondern an ihre Eigenliebe, und sprechen zu ihnen niemals über unsere eigenen Bedürfnisse, sondern nur über ihre Vorteile." Unmittelbar davor heißt es allerdings, und dies wird häufig übersehen: „Der Mensch bedarf beinahe ständig der Hilfe seiner Mitmenschen und er würde diese vergebens *nur* von ihrer Wohltätigkeit erwarten. Er ist *wahrscheinlich eher* imstande, sich zu behaupten, wenn er ihre Eigenliebe zu seinen Gunsten interessiert und ihnen zeigt, daß es zu ihrem eigenen Vorteil ist, für ihn zu tun, was er von ihnen verlangt. Wer immer einem anderen ein Geschäft irgendeiner Art vorschlägt, bietet folgendes an: Gib mir, was ich wünsche, und Du sollst haben, was Du wünschst; dies ist die Bedeutung eines jeden derartigen Angebots. *Auf diese Weise erhalten wir voneinander den weit größeren Teil jener guten Dienste, derer wir bedürfen.*" (*WN* Bd. I, S. 8; Hervorhebungen von mir)

Der Umstand, daß wechselseitig vorteilhafter Tausch weit verbreitet und weiter im Wachsen begriffen ist, heißt keineswegs, daß Smith der Auffassung war, die Selbstliebe *(self-love)* allein sei imstande, eine gute Gesellschaft ins Leben zu setzen. Ja, es ist überhaupt fraglich, daß eine nur auf die Selbstliebe ihrer Mitglieder sich gründende Gesellschaft existenzfähig ist. Zwar könne man, wie Smith betont, nicht *nur* auf das Wohlwollen und die Wohltätigkeit anderer hoffen, aber *auch* auf sie. Ein gewisser Teil der guten Dienste, die wir benötigen, ist folglich auch nicht das Resultat marktvermittelter Transaktionen, sondern der sozialen und kommunalen Tugenden des Menschen, die es zu fördern gilt. Nicht nur in der *TMS*, sondern auch im *WN* weist Smith verschiedentlich die kurzschlüssige Gleichsetzung eigennützigen Verhaltens und des gesellschaftlich Guten zurück. In der *TMS* kritisiert er den Versuch, die verschiedenen Motivationen bzw. Tugenden auf jeweils eine einzige zu reduzieren; seine Kritik gilt insbesondere Epikur, der Tugend schlechthin mit Klugheit zu identifizieren suchte. Allgemein wendet er sich gegen den unter Philosophen weit verbreiteten Hang zum Monismus, d.h. der Erklärung aller Erscheinungen aus möglichst wenigen Prinzipien, im Grenzfall einem einzigen, heraus.

Grundlage des Smithschen Gesellschaftsmodells bildet seine vor allem in der *TMS* entfaltete philosophische Anthropologie. Smith begibt sich mit ihr in direkten Gegensatz zur Doktrin von Hobbes, des Autors des *Leviathan* (1651), die er als ‚abscheulich' bezeichnet. Der Mensch, so die Smithsche Ausgangsprämisse, kann nur in der Gesellschaft bestehen. Er bedarf des anderen, um zu überleben, und vor allem, um sich selbst zu erkennen. Dies ist im berühmten Spiegel-Gleichnis ausgedrückt: ,,Wäre es möglich, daß ein menschliches Wesen bis zu seinem Erwachsensein an einem einsamen Platz aufwüchse, ohne jegliche Kommunikation mit seiner eigenen Spezies, so könnte es ebensowenig über seinen eigenen Charakter, die Angemessenheit oder Unwürdigkeit seiner eigenen Gefühle und seiner Lebensführung, wie die Schönheit oder Deformiertheit seines Geistes oder die Schönheit oder Deformiertheit seines Gesichts nachdenken. ... Man bringe es in die Gesellschaft, und sofort sieht es sich dem Spiegel gegenüber, der ihm vordem fehlte. ... In gleicher Weise wird unsere erste moralische Kritik an Charakter und Lebensführung anderer Leute formuliert; und wir sind alle erpicht darauf zu erfahren, wie diese auf uns selbst zurückwirkt." (*TMS,* 1969, S. 204–207)

Das Kommunikationsbedürfnis des Einzelnen konstituiert den gesellschaftlichen Zusammenhang. Ist dieser Zusammenhang hergestellt, so tritt der ‚unparteiische Beobachter' *(impartial spectator)* in Aktion: die zentrale Denkfigur im Smithschen moralphilosophischen Entwurf. Über die unterstellte hypothetische Teilung in zwei Personen – Beobachter bzw. Richter einerseits sowie Akteur, dessen Verhalten geprüft wird, andererseits –, über die intrapsychische Reflektion bezüglich der Billigkeit oder Unbilligkeit von Handlungen kommt es zur Sozialisation des Individuums, zur Einübung in soziales Verhalten. Eine besondere Rolle spielt in diesem Kontext Smiths Begriff der *Sympathie.* Das anzustrebende Ideal eines vollkommen tugendhaften Menschen charakterisiert Smith schließlich durch die Eigenschaften ‚vollständiger Klugheit, strenger Gerechtigkeit und wahren Wohlwollens'. Er setzt sich damit sowohl von jenen zeitgenössischen ethischen Ansätzen ab, die die Selbstliebe als alleiniges Handlungsmotiv ausweisen, wie denjenigen, die das Eigeninteresse gegenüber dem Wohlwollen übermäßig abwerten.[9]

Smith ging es jedoch nicht nur um einen abstrakten, allgemein philosophischen Diskurs zum Thema Ethik, sondern zur Debatte stand vor allem auch die Moralität der neuen kapitalistischen Wirtschafts- und Gesellschaftsordnung. In der *TMS* heißt es an einer Stelle: ,,Die Gesellschaft mag ohne Wohlwollen existieren; aber die Vorherrschaft von Ungerechtigkeit muß sie letztlich zerstören." (*TMS,* S. 167) Weist die bürgerliche

Gesellschaft ein hinreichend großes Maß an Gerechtigkeit auf, um Bestand zu haben?

Auf den ersten Blick sieht es nicht danach aus, als könne diese Frage bejaht werden, und Smith selbst nennt verschiedene Momente, die dagegensprechen, insbesondere die äußerst ungleiche Einkommens- und Vermögensverteilung, den scharfen Gegensatz zwischen Arm und Reich, die ungleiche Verteilung von Chancen. Verschiedentlich betont er, daß diejenigen, die am härtesten arbeiten, nur in geringem Umfang am erzeugten gesellschaftlichen Reichtum teilhaben. Gleichwohl ist er der Überzeugung, daß das ‚System der natürlichen Freiheit‘ die obige Forderung im großen und ganzen zu erfüllen imstande ist. Wie begründet er seine Ansicht?

In seiner Antwort konzentriert sich Smith vor allem auf das Schicksal der arbeitenden Klasse. Ihren Mitgliedern drohen in der durch rapiden technologischen und organisatorischen Wandel charakterisierten neuen Gesellschaftsordnung prinzipiell von drei Seiten her existenzielle Gefahren: (1) Arbeitslosigkeit infolge der arbeitsfreisetzenden Wirkung technischen Fortschritts, (2) damit zusammenhängend ein Fall der Reallöhne sowie (3) die Entwertung der erworbenen Arbeitsqualifikationen mit der Konsequenz beruflicher und mittelbar auch sozialer Abstufung. Letzlich, so Smith, sei nur die dritte Gefahr von Bedeutung. Betrachten wir seine Begründung hierfür ein wenig näher.

Im *WN* postuliert Smith ein Naturrecht auf Arbeit, wenn er schreibt: ,,Das Eigentum, welches jedermann an seiner eigenen Arbeit besitzt, ist das am meisten geheiligte und unverletzliche, da es die ursprüngliche Quelle jeden anderen Eigentums ist. Das Erbe eines armen Mannes liegt in der Stärke und Geschicklichkeit seiner Hände, und ihn davon abzuhalten, diese Stärke und Geschicklichkeit anzuwenden, in welcher Art und Weise er auch immer denkt, es sei am günstigsten, ohne seinen Nachbarn zu beeinträchtigen, ist eine klare Verletzung dieses am meisten geheiligten Eigentums." (*WN*, Bd. I, S. 136) Zu zeigen ist demnach, daß die moderne Gesellschaft ausreichend Beschäftigungsmöglichkeiten erzeugt, um alle Arbeitsfähigen und -willigen in Brot und Arbeit zu setzen. Diese Fähigkeit des Systems kommt an jener Stelle im *WN* zur Sprache, wo Smith auf die Wirkung der berühmten ‚unsichtbaren Hand‘ *(invisible hand)* rekurriert. Der Investor sucht für sein Kapital jene Anlageform, die ihm die höchste Profitabilität verspricht. Nun ist Smith der Überzeugung, daß die Kapitalanlage im Ausland aus verschiedenen Gründen im allgemeinen weniger profitabel bzw. bei gleicher erwarteter Profitrate risikoreicher ist als die Anlage in heimischen Gewerben. Zugleich ist seiner Auffassung nach der Außenhandel die am wenigsten arbeitsintensive Kapitalanlageform. Das Ergebnis lautet, daß profitmaximierende Kapitalanlage tendenziell zugleich beschäftigungsmaximierend ist. Zwar treffe es zu, daß der Investor ,,weder beabsichtigt, das öffentliche Interesse zu fördern, noch weiß, wie stark er es fördert'', gleichwohl gelte: ,,Die Bevorzugung der heimischen statt der ausländischen Industrie dient lediglich seiner eigenen Sicherheit; und indem er diese Industrie in einer derartigen Weise lenkt, daß das Produkt den größten Wert annimmt, zielt er nur auf seinen eigenen Gewinn ab. Er wird dabei, wie in vielen anderen Fällen, von einer unsichtbaren Hand gelenkt, die ein Ziel fördert, welches nicht Teil seiner Absicht war.'' (*WN,* Bd. 1, S. 477)

Auf die segensreiche Wirkung der ‚unsichtbaren Hand' greift Smith auch bei seinem in der *TMS* unternommenen Versuch der Begründung dafür zurück, warum die zu beobachtende Ungleichheit in der Einkommens- und Vermögensverteilung nicht ohne weiteres als ungerecht begriffen werden darf. Im Zentrum seines Arguments steht die auch im *WN* angesprochene Begrenztheit des Fassungsvermögens des menschlichen Magens. Die Vorsehung einer gütigen Natur verhindert, daß z.B. der reiche Grundherr das gesamte Überschußprodukt, das ihm aufgrund der herrschenden Produktions- und Verteilungsverhältnisse zufällt, allein konsumieren kann. Stattdessen muß er es mit anderen, seiner Dienerschaft, teilen: ,,Die Kapazität seines Magens steht in keinem Verhältnis zum Umfang seiner Wünsche, und er erhält nicht viel mehr als der geringste seiner Bauern. Den Rest muß er unter jenen teilen, welche das geringe, welches er selbst nutzt, ihm in der hübschesten Art zubereiten.'' Die in den Diensten des reichen Grundherrn Stehenden ,,erhalten daher von seinem Luxus und seinen Launen jenen Teil der notwendigen Lebensmittel, welche sie vergebens von seiner Menschlichkeit und Gerechtigkeit erwartet hätten.'' (*TMS,* S. 304) Die in der Produktionssphäre resultierende Primärverteilung wird daher über den Konsumtionsprozeß korrigiert und führt letztlich zu einer tendenziell gleichmäßigen und damit ‚gerechter' Partizipation am gesellschaftlichen Reichtum: ,,Das Produkt des Bodens unterhält zu allen Zeiten ungefähr jene Zahl von Einwohnern, welche es gerade unterhalten kann. Die Reichen wählen von der Gütermenge, was am wertvollsten und angenehmsten ist. Sie konsumieren wenig mehr als die Armen. Und trotz ihrer natürlichen Eigenliebe und Raffsucht, welche nur ihrer Bequemlichkeit dienen soll, und obgleich das einzige Ziel der Tausenden von ihnen angestellten Arbeiter darin besteht, ihnen Befriedigung ihrer eitlen und unersättlichen Wünsche zu liefern, teilen sie doch mit den Armen das Produkt aller Verbesserungen." Es folgt die Schlußapotheose: ,,Sie werden von einer unsichtbaren Hand gelenkt, beinahe die gleiche Verteilung der notwendigen Lebensmittel zu bewerkstelligen, welche sich ergeben hätte, wenn die Erde zwischen allen Einwohnern in gleichen Teilen aufgeteilt worden wäre; sie befördern daher, ohne es zu beabsichtigen und ohne es zu wissen, das Gesamtinteresse der Gesellschaft." (*TMS*, S. 304)

Gefahr drohe letztlich nur von der dequalifizierenden und degradierenden Wirkung zunehmender Arbeitsteilung. Ein Arbeiter, der tagein, tagaus damit zubringe, an seinem Arbeitsplatz nur wenige Handgriffe zu verrichten, stehe in Gefahr, geistig und körperlich soweit zu verelenden, daß er schließlich nicht einmal mehr imstande sei, sich um seine persönlichen Belange zu kümmern, ganz zu schweigen davon, daß er im Falle der gebotenen Verteidigung seines Landes gegen einen äußeren Angreifer unfähig wäre, als Soldat seine Pflicht zu tun (vgl. *WN*, Bd. II, S. 303). Der Staat habe dieser fatalen Entwicklung durch ein allgemeines Ausbildungssystem entgegenzuwirken.

Smiths Spekulation über die Moralität der kapitalistischen Wirtschaft ist zweifellos in mehrerlei Hinsicht höchst fragwürdig, was die in Reaktion auf sein Werk erfolgende Diskussion eindrucksvoll belegt. Bis auf den heutigen Tag steht jedoch die von ihm aufgeworfene Frage nach der ethischen Beurteilung der modernen Gesellschaft mit im Zentrum sozialwissenschaftlichen Denkens und mit ihr die eingangs zitierte Frage Candides: ,,Wenn dies die beste aller möglichen Welten ist, wie sehen die anderen aus?"

Anmerkungen

* Beim vorliegenden Aufsatz handelt es sich um die überarbeitete Fassung meines Freiburger Vortrags. Ich danke den Teilnehmern des Seminars für die anregende Diskussion sowie nützliche Kommentare. Selbstverständlich liegt die Verantwortung für die Arbeit ausschließlich bei mir.
1 Vgl. z. B. Koslowski (1982), Enderle (1985), Hamlin (1986), Sen (1987), Biervert und Held (1987).
2 Alle Übersetzungen aus dem Englischen stammen von mir.
3 Vgl. hierzu I. Levi (1986).
4 Einer der heftigsten Kritiker dieser Prämisse war F. H. Knight (1935), der ansonsten der neoklassischen Schule nahestand. Seiner Ansicht nach besteht das Leben des Menschen im wesentlichen aus einer Entdeckungsreise auf dem ‚Feld der Werte' und nicht in der Erzeugung von Werten. Wichtiger als die Befriedigung von Bedürfnissen bzw. Wünschen sei das Auffinden der richtigen Bedürfnisse und Wünsche.
5 Vgl. hierzu den Beitrag von Biervert und Wieland in dem von Biervert und Held herausgegebenen Sammelband (1987).
6 Die Annahme der Abwesenheit von Externalitäten würde beispielsweise die Abwesenheit von Umweltschäden bedeuten.
7 Zu verschiedenen Konzepten von Verteilungsgerechtigkeit vgl. den Beitrag von Gaertner in Enderle (1985). Eine andere Möglichkeit der Ergänzung des Paretokriteriums besteht in der Einführung des Kriteriums der ‚Fairness'. Eine Güterallokation wird dann als *fair* bezeichnet, wenn niemand einem anderen sein Güterbündel neidet.
8 Aus Raumgründen kann nicht näher auf die verschiedenen Varianten der Theorie des Gesellschaftsvertrags eingegangen werden. Vgl. deshalb die zusammenfassende kritische Würdigung bei Hamlin (1986).
9 Vgl. hierzu auch Brühlmeier (1985).

Literaturverzeichnis

Arrow, K. J. (1951), *Social Choice and Individual Values,* New York
Becker, G. S. (1982), *Der ökonomische Ansatz zur Erklärung menschlichen Verhaltens,* Tübingen
Biervert, B., und Held, M., Hrsg. (1987), *Ökonomische Theorie und Ethik,* Frankfurt und New York
Boulding, K. E. (1973), ,,Ökonomie als eine Moralwissenschaft", in: *Seminar: Politische Ökonomie,* hrsg. von W. Vogt, Frankfurt, S. 103-125
Brühlmeier, D. (1985), ,,Politische Ethik in Adam Smiths *Theorie der ethischen Gefühle,"* Beiträge und Berichte der St. Gallener Forschungsstelle für Wirtschaftsethik, Nr. 11.
Buchanan, J. M. (1986), *Liberty, Market and the State,* Brighton
Enderle, G., Hrsg. (1985), *Ethik und Wirtschaftswissenschaft,* Berlin
Giersch, H. (1961), *Allgemeine Wirtschaftspolitik,* Wiesbaden
Hamlin, A. P. (1986), *Ethics, Economics and the State,* Brighton
Knight, F. H. (1935), *The Ethics of Competition and other Essays,* New York
Koslowski, P. (1982), *Ethik des Kapitalismus,* Tübingen
Levi, I. (1986), *Hard Choices,* Cambridge
Lowe, A. (1988), *Has Freedom a Future?,* New York
von Mises, L. (1931), ,,Die psychologischen Wurzeln des Widerstandes gegen die nationalökonomische Theorie", in: *Probleme der Wertlehre,* hrsg. von L. v. Mises und A. Spiethoff, *Schriften des Vereins für Sozialpolitik,* Bd. 183/I, München und Leipzig, S. 277-295
Nozick, R. (1974), *Anarchy, State and Utopia,* Oxford

Parfit, D. (1984), *Reasons and Persons*, Oxford
Rawls, J. (1971), *A Theory of Justice*, Cambridge, Mass.
Say, J. B. (1821), *Letters to Mr. Malthus. A Catechism of Political Economy*, London
Say, J. B. (1971), *A Treatise on Political Economy*, Wiederabdruck der amerikanischen Ausgabe des *Traité* aus dem Jahr 1821, New York
Schotter, A. (1985), *Free Market Economics. A Critical Appraisal*, New York
Schumpeter, J. A. (1952), *Aufsätze zur ökonomischen Theorie*, hrsg. von E. Schneider und A. Spiethoff, Tübingen
Sen, A. (1979), ,,Personal Utilities and Public Judgements: Or what's Wrong with Welfare Economics?", *Economic Journal*, Bd. 89, S. 537–558
Sen, A. (1987), *On Ethics and Economics*, Oxford
Sen, A., und Williams, B., Hrsg. (1982), *Utilitarianism and Beyond*, Cambridge
Smith, A. (1969), *The Theory of Moral Sentiments* (estmals 1759 publiziert), West-Edition, Indianapolis
Smith, A. (1976), *An Inquiry into the Nature and Causes of the Wealth of Nations* (erstmals 1776 publiziert), Cannan-Edition, Chicago
Tietzel, M. (1986), ,,Moral und Wirtschaftstheorie", *Zeitschrift für Wirtschafts- und Sozialwissenschaften*, Bd. 106, S. 113–137

„Die Vernunft des Ganzen"
Was kann die Theologie zur Erkenntnis ihrer Verbindlichkeit beitragen?

Alfons Auer

„Ethik als Anspruch an die Wissenschaft" – diese Fragestellung richtet sich auch an die Theologie. Sie erhebt sich nicht erst in deren Dialog mit den sog. Profanwissenschaften – nicht erst also dort, wo es um die Erhebung jener Verbindlichkeiten geht, die sich aus der menschlichen Existenz in Welt und Geschichte ergeben, d. h. des Gesamts dessen, was man als „Weltethos" bezeichnen kann. Sie erhebt sich bereits in der Erkenntnis und Darstellung dessen, was die Theologie als Sinnangebot in den Dialog mit den anderen Wissenschaften einzubringen hat. Theologie gerät unter den ethischen Anspruch, sobald sie ihren ersten Schritt tut, d. h. sobald sie darangeht, in authentischer Kompetenz das Gesamt jener Verbindlichkeiten zu erarbeiten, die im Heilshandeln Gottes am Menschen impliziert sind – das also, was heute als „Heilsethos" bezeichnet wird.

I. Theologie und Heilsethos

Es ist die authentische Aufgabe der Kirche, das göttliche Heilshandeln am Menschen und den darin implizierten Anspruch („Heilsethos") durch die Geschichte hindurch zu vermitteln. Welche Bedeutung kommt dabei der Theologie zu und wo tritt dieser die Kategorie des Ethischen entgegen? Die Antwort auf diese Frage soll in vier Schritten versucht werden.

1. Wissenschaftliche Reflexion des Glaubens

Theologie versteht sich als „die Gesamtheit jener methodisch geordneten Tätigkeiten, durch welche die Glaubensgemeinschaft den Glauben und die Sache des Glaubens in das wissenschaftliche Bewußtsein und vor die Ansprüche des Bewußtseins bringt"[1]. Der Wissenschaftscharakter der Theologie ist oft bestritten worden, weil sie von der Vorgabe der biblischen Offenbarung ausgeht und der Aufsicht kirchlicher, also „wissenschaftsexterner" Instanzen untersteht. Doch kann hier auf dieses Problem nicht eingegangen werden.[2] Es sei aber kurz auf das Programm der kath. Tübinger Theologie verwiesen, das schon in deren Anfangsjahren in Ellwangen (1812–1817) entwickelt und von den Begründern der „Theologischen Quartalschrift" in deren erstem Heft als eine Art Präambel formuliert worden ist. Die Herausgeber wollen „nicht minder das Streben nach Wissenschaft anregen, als den Sinn für den Geist des Christentums, und dessen fruchtbare Anwendung auf die Gemüter beleben"[3]. Sie stellen ihre wissenschaftliche Arbeit also unter die Prinzipien Wissenschaftlichkeit, Kirchlichkeit und Aktualität.

Seitdem Thomas von Aquin die Theologie als *wissenschaftliche* Disziplin in das „Haus der Wissenschaften" eingebracht hat, sucht sie die Wahrheit im Streit der Meinungen. Sie setzt ihre Urteile der öffentlichen Prüfung aus und bringt den Glauben vor das Forum der Vernunft, wo nicht die berufene Autorität, sondern die Kraft der nachprüfbaren Argumente zählt. Der Glaube als solcher ist zunächst nur „bekennbar". Erst wenn er in das „als ‚allgemein' vorausgesetzte Medium der Vernünftigkeit" übersetzt ist, wird er „universell diskutierbar". Nach J. Simon gehört es wesentlich zum Glauben, „daß er sich in der Form des vernünftigen, sich selbst als bedingt und endlich begreifenden Logos gegenüber *anderem* Urteil problematisiert und sich in die Form wesentlich nicht ‚letztgültig' abschließbarer Erörterung einläßt. In der Zuversicht, sich in solcher ‚Entäußerung' nicht zu verlieren, vollendet sich *dieser* Glauben erst als *Glaube*."[4]

Neben dem Prinzip der Wissenschaftlichkeit gilt das der *Kirchlichkeit*. Die christliche Botschaft ist der Kirche anvertraut; ihre Vermittlung geschieht nicht nur durch das Lehramt, sondern durch das christliche Volk im ganzen – in den vielfältigen Formen des Zeugnisses christlicher Eltern, Lehrer, Schriftsteller und Künstler. Dabei kommen vor allem die Erfahrungen ins Spiel, die von Laien Tag für Tag in den verschiedenen Bereichen ihrer welthaften Existenz gemacht werden. Theologen sind wie Bischöfe und Priester ständig herausgefordert, diese Welterfahrungen vom Glauben her zu durchleuchten. Der Theologe kann nicht im kirchenfreien Raum leben, er hat seine Heimat in der lebendigen kirchlichen Gemeinschaft: Ihren Glauben legt er aus, an ihm findet er das Maß seines wissenschaftlichen Denkens.[5] Er kann seine Wissenschaft nicht als privates Unternehmen betreiben, zumal die Glaubensgemeinschaft sich in wechselnden geschichtlichen Gestalten entfaltet und sich daraus auch wechselnde Gestalten der Theologie ergeben. So ist z. B. aus der Dogmatik als „Wissenschaft vom Dogma", wie sie durch die Neuscholastik virtuos vertreten wurde und in Pius XII. eine letzte eindrucksvolle Symbolfigur gefunden hat, durch den resoluten Rückgriff auf die Hl. Schrift und die ebenso resolute Neuorientierung auf die pastorale Praxis hin „Dogmatik als Hermeneutik" geworden. Zur Reflexion des überlieferten Glaubens kam die „Reflexion gelebter Praxis".[6]

Als drittes Prinzip gilt die *Aktualität*. Alle Bemühungen der Theologie zielen darauf, daß die christliche Botschaft von jeder geschichtlichen Zeit angeeignet werden kann. Darum muß Theologie in einem radikalen Sinn zeitgenössisch sein. Für die Gegenwart heißt dies: Allzulange haben Kirche und Theologie versäumt oder doch deutlich gezögert, die neuzeitliche Freiheitsgeschichte in ihrer positiven Relevanz für eine aktuelle Auslegung der Botschaft Jesu zu würdigen. Wenn es nicht gelingt, die fundamentalen Werte der neuzeitlichen Geistigkeit, die Erweiterung des kritischen Bewußtseins und das Erwachen des menschlichen Autonomiestrebens, als positive Stoßkräfte für ein zeitgenössisches Selbst- und Weltverständnis der Christenheit zu mobilisieren, wird der christliche Glauben bald außerstande sein, menschlichem Dasein einen tragenden Sinn zu vermitteln, Salz der Erde und Licht auf dem Berge zu sein. Dies mag da und dort zu Irritationen führen. Die Theologie muß alles tun, um Ärgernisse auf ein Mindestmaß zurückzuführen; ganz verhindern kann sie sie nicht. Man kann die Chancen der neuzeitlichen Freiheitsgeschichte nur nutzen, wenn man ihre Gefährdungen in Kauf nimmt. – Wir stellen also fest: Die methodisch verantwortete wissenschaftliche Auslegung des Glaubens der kirchlichen Gemeinschaft und seine Aktualisierung für die jeweilige Gegenwart ist ein erstes Element, in der der Theologie der ethische Anspruch entgegenkommt. Andere Elemente ergeben sich daraus wie von selbst.

2. Kritisch-produktive Begleitung der Glaubensgemeinschaft auf deren Weg durch die Geschichte

a) Kritische Begleitung der Glaubensgemeinschaft

Wenn die Glaubensgemeinschaft auf ihrem Weg durch die Geschichte mit sich identisch bleiben und zugleich zeitgenössisch werden soll, muß sie sich in wahrnehmbare Gestalten verleiblichen, ohne dabei am unbedingten Anspruch der christlichen Botschaft Abstriche zu machen. Es gehört zu den Verbindlichkeiten der Theologie, diesen Prozeß der Gestaltwerdung von Kirche kritisch zu begleiten, weil jede Form von Institutionalisierung und Verabsolutierung eine Tendenz zu exponentiellem Wachstum in sich hat. Kirche kann sich in der Wirklichkeit und in der Optik der Glaubenden so sehr verdichten, daß sie als eigenwertige Größe zwischen Gott und den Glaubenden erscheint, daß sie den Zugang zu Gott, statt ihn zu eröffnen, verstellt und die Gott geschuldete Zuwendung an sich selbst bindet. Theologie als kritische Begleiterin der Glaubensgemeinschaft versucht unentwegt, institutionelle Verfestigungen auf die eigentlich gemeinte personale Kommunikation zwischen Gott und Mensch durchsichtig zu halten.

Dogmen sind Verdeutlichungen, die irgendwann zur Behebung von Zweifeln oder Mißdeutungen in verbindlicher Weise vorgenommen worden sind. Für sie gilt in erhöhtem Maß, was Thomas von Aquin von den Glaubensartikeln sagt: Sie sind Symbole, die auf die Wahrheit selbst hinzielen.[7] Dies gilt noch mehr für sittliche Normen. Durch die Lehre von den gestuften Gewißheitsgraden hat die Theologie für den Bereich des Glaubens eine hilfreiche Orientierung erarbeitet. Für den Bereich des Sittlichen gibt es für den Nicht-Fachmann eine derartige Orientierungshilfe nicht, so daß alle ethischen Forderungen praktisch mit unbedingtem Geltungsanspruch erscheinen. Dieser Eindruck verschärft sich, wenn dies von kirchenamtlicher Seite immer wieder ausdrücklich bestätigt wird.[8] Unser Problem betrifft schließlich die Formen kirchlichen Kultes. Der Streit um die Zulässigkeit der sog. „tridentinischen" Meßform hat uns erst kürzlich wieder daran erinnert. Die Theologie kann und muß alle kirchlichen Institutionalisierungsprozesse kritisch begleiten. J. S. Drey, Systematiker der Tübinger Schule, hat aus gegebenem Anlaß in einem Schreiben an den damaligen (1821)

Rottenburger Generalvikar Keller zur „innerkirchlichen Funktion einer kritischen Theologie" folgendermaßen Stellung genommen: „Der Theolog ... hat von Berufs wegen die Natur alles dessen, was in der Kirche besteht, zu untersuchen, alles zu beweisen, daher auch zu prüfen; es muß ihm also auch das Recht zustehen, das Resultat seiner Prüfung auszusprechen, worin ihm außerdem seine Stellung, daß er Lehrer und nicht bloß ausführender Kirchendiener ist, zugute kommen (muß)."[9]

Der vor etlichen Jahren verstorbene Tübinger Alttestamentler F. Stier schreibt in seinen „Aufzeichnungen": „Das All ist keine Heimat, es ist Aufenthaltsort – auf Zeit, auf Abruf. Man weiß nicht, woher man dahin geraten, noch wohin man von hier aus weg geht ... Nun man hier ist, richtet man sich ein: schafft Ordnung am Ort, gibt Namen den Dingen, fügt Zusammenhang, nimmt das Gegebene in Griff – baut schützende Mauern, bergende Wände, Hütten und Häuser in den Abgrund hinein, in die schreckende Nacht, die nicht weicht. Denkwälle schüttet man auf gegen den Andrang des Ungeheuren, Mytho- und Ideologien, hängt Bilder an die Wände des Menschengehäuses, verhängt die Fenster mit Fetzen von Wissen, und einige gehen mit einer Laterne umher – cogito, ergo sum, sagte einer, je révolte, donc je suis, sagt ein anderer, die übrigen, die meisten, machen sich im Haus zu schaffen, richten Mahlzeiten her, ordnen Umgang und Verkehr, zanken und raufen sich, lieben sich und schlagen sich tot, und dergestalt vergessen sie den Blick aus dem Fenster, den Tritt vor die Tür, und man wähnt sich daheim."[10]

Wie ist es mit der Kirche, wie mit der sie kritisch begleitenden Theologie? Sie richten sich ein, sie benennen die Dinge, schaffen Ordnung und stellen Zusammenhänge her, sie bauen schützende Mauern, bergende Wände, Hütten und Häuser in den Abgrund hinein, hängen Bilder an die Wände des Menschengehäuses, verhängen die Fenster mit Fetzen von Wissen, mit Fetzen auch von Glauben – sie vergessen dabei den Blick aus dem Fenster, den Tritt vor die Tür, und wähnen sich daheim. Die Kirche und erst recht die Theologie, die sie kritisch durch die Geschichte hindurch zu begleiten hat, müssen sich bei aller Geborgenheit, die verlässige Institutionalisierung und verabsolutierende Geltung zu gewähren vermögen, bewußt bleiben: Die Formen der Vermittlung des Heils transzendieren nie den Rang von „Interpretamenten", von Medien des Verweisens auf den verborgenen Gott. Sie dürfen den Charakter des Absoluten, auf das sie zeigen, nicht für sich selbst usurpieren. Thomas von Aquin hat auch gewußt, daß Gott sich in Jesus Christus geoffenbart hat, aber dies hat ihn nicht gehindert, in seiner „Theologischen Summe" zu schreiben: „Wir vermögen nicht zu wissen, was Gott ist" – und in seiner Abhandlung über die Trinität gar die Meinung zu vertreten, die höchste Stufe der Erkenntnis Gottes sei erreicht, wenn wir ihn als den Unbekannten erkennen.[11] – Doch genug davon. Wer sollte nach alledem zweifeln, daß die kritische Begleitung der Glaubensgemeinschaft durch die Geschichte hindurch einen ethischen Anspruch an die Theologie impliziert – einen Anspruch, der sich ebensowenig der Kirche gegenüberstellt wie er sich ihrer Autorität entzieht.

b) Produktive Begleitung der Glaubensgemeinschaft

Der kritische Beitrag der Theologie ist nicht Kritik um der Kritik willen, er entspringt aus dem tieferen Impuls zur produktiven Begleitung der Glaubensgemeinschaft durch die Geschichte hindurch. Die Theologie ist die Stätte fortgesetzten wissenschaftlichen Nachdenkens und Streitens um die richtige Form christlichen Glaubens, Handelns und Feierns. Dies ist von großer Bedeutung für die Glaubwürdigkeit der Gemeinde in einer offenen Gesellschaft.

Die Gemeinde weiß, daß sie in ihrer Verwirrung ob der sie bedrängenden Entwicklungen nicht allein gelassen ist. Außerdem bilden die theologischen Fakultäten Priester und Laien aus, die den Gemeinden in der Wahrnehmung ihrer Zeitgenossenschaft beistehen können. Kein Wort gegen kirchliche Fachhochschulen! Sie sind für die Gemeinden lebensnotwendig. Aber wer in einer theologischen Fakultät über Jahre hinweg einem Prozeß der Selbstaufklärung und Selbstkritik ausgesetzt ist – und dies durch Lehrer, die diesen Prozeß auch bei sich selbst als nie abgeschlossen betrachten –, der wird für seinen späteren Dienst gewiß wirksamer ausgerüstet sein. Dazu kommen reichhaltige Angebote von Fakultäten und einzelnen Professoren an weiterbildenden Lehrveranstaltungen, durch die Seelsorger und Katecheten über die Entwicklung der Theologie und über die Bedeutung dieser Entwicklung für das Leben der Glaubensgemeinschaft auf dem laufenden gehalten werden. Überdies versuchen viele Theologen heute durch Mitarbeit an kirchlichen Bildungswerken und durch Engagements in Gemeinden mit den Laien unmittelbar in Verbindung zu kommen und sich deren verschiedenartige Erfahrungen für das Glaubensverständnis zunutze zu machen. Schließlich wirken Professoren der Theologie durch Veröffentlichungen und Vorträge weit über den innerkirchlichen Bereich hinaus und bringen das christliche Sinnangebot auch unmittelbar in die heutige Gesellschaft ein.

3. Erhebung der ethischen Implikationen der Heilsbotschaft

Die Theologie reflektiert nicht nur die Heilsbotschaft, sie deckt auch ihre Verbindlichkeit auf. Die Moraltheologie kennt einen wichtigen Traktat über den „religiösen Pflichtenkreis"; manche bezeichnen seinen Gegenstand mit dem Begriff „Heilsethos" und meinen damit das Gesamt der aus unserer Abhängigkeit von Gott und unserer Verbundenheit mit ihm durch Jesus Christus im Heiligen Geist sich ergebenden Verbindlichkeiten. Theologische Ethik handelt hier von der Gottesverehrung durch Gebet und Meditation, durch Eid und Gelübde, durch die Feier des Herrentags sowie durch die persönliche Christusbegegnung. Und sie handelt darüber hinaus von Glaube, Hoffnung und Liebe als den Grundkräften und den spezifischen Vollzugsformen der christlichen Existenz. Im Rahmen der Erschließung des Glaubens gerät also die Theologie selbst unter den sittlichen Anspruch, die ethischen Implikationen dieses Glaubens zu erheben und zu reflektieren. Ihr Gegenstand sind nicht nur „Heilsindikative", sondern auch „Heilsimperative", nicht nur die Heilszusage, sondern auch das darauf antwortende Ethos.[12]

4. Einforderung des „Humanen" für den Innenbereich der Kirche als Voraussetzung einer glaubwürdigen Vermittlung des Christlichen

Die ethischen Implikationen der christlichen Botschaft betreffen nicht nur das Verhältnis zu Gott, sondern auch – dazu mehr unter II – die Verantwortung in allen weltlichen Bereichen. Die weltethischen Verbindlichkeiten hat die Theologie früher mit Hilfe des Interpretaments „Naturrrecht" vermittelt, heute versucht sie es eher mit Interpretamenten wie „Menschenwürde", „Grundrechte" oder „Grundwerte". Dieses Bemühen darf sich freilich nicht in Appellen und Forderungen an Staat und Gesellschaft erschöpfen. Es muß vielmehr seine Glaubwürdigkeit dadurch ausweisen, daß Menschenwürde und Grundrechte zuallererst in der Glaubensgemeinschaft selbst paradigmatisch verwirklicht sind. Dies immer wieder einzufordern, gehört zu den ethischen Ansprüchen, unter denen die Theologie steht. In dem Dokument der Päpstlichen Kommission „Justitia et pax" über „Die Kirche und die Menschenrechte" (1976) – um nur diese eine Erklärung zu nennen – ist eine neue Orientierung aufgewiesen, die auch nach dem Erscheinen des neuen CIC (1983) nachdrücklich zu urgieren der Theologie aufgegeben bleibt. –

Dies sind etliche Elemente, die deutlich machen, daß die Theologie in ihrem Selbstvollzug schon innerhalb der Glaubensgemeinschaft, der sie zugehört und der sie dient, an die Kategorie des Ethischen gerät. Wissenschaftliche Theologie ist hineingebunden in das positive Programm, das Eph 4,15 der Gemeinde insgesamt vorstellt: „Wir sollen, der Wahrheit hingegeben in Liebe, in jeder Hinsicht auf ihn hin wachsen, der das Haupt ist, Christus." Nach Prüfung des lexikalischen Befundes und des theologischen Kontexts stellen die Exegeten fest, die das Reden bestimmende Wahrheit sei die des Evangeliums. Da aber jegliches Reden sich selbst verlieren kann, werden die Glieder der Gemeinde „auf die Liebe und damit auf das Herzstück des Evangeliums aufmerksam gemacht. Diese Wahrheit leitet zur Liebe an und realisiert sich in der Liebe."[13] Der Dienst der Theologie – wissenschaftliche Reflexion des Glaubens, kritisch-produktive Begleitung der Glaubensgemeinschaft auf deren Weg durch die Geschichte, Erhebung der ethischen Implikationen der Heilsbotschaft und Einforderung des Humanen für den Eigenbereich der Kirche als Voraussetzung einer glaubhaften Vermittlung des Christlichen – ist ein aletheuein en agape, ein „die Wahrheit (wissenschaftlich) in Liebe treiben", ein aus der Liebe zur Glaubensgemeinschaft kommender und ihrer Auferbauung in Liebe dienender wissenschaftlich verantworteter Umgang mit dem Evangelium, mit der christlichen Botschaft.

II. Theologie und Weltethos

Die von der Theologie zu reflektierende Heilsbotschaft wendet sich an Menschen, die in verschiedenen Bereichen der Welt Verantwortung wahrnehmen. Hier ist die Rede vom Bereich der

Wissenschaft. Nun kann Theologie gewiß nicht in authentischer Kompetenz von sich aus ein Ethos der Wissenschaft entwerfen. Der Wissenschaftler gerät in seinem eigenen Tun an die Kategorie des Ethischen und sucht nach Wegen, seine spezifische Verantwortung genauer wahrzunehmen und einzulösen. Er kann freilich dabei nicht in seiner einzelwissenschaftlichen Dimension verbleiben, sondern muß die „Vernunft des Ganzen" in den Blick bekommen.[14] Zur „Vernunft des Ganzen" gehört aber konstitutiv auch ein tragender letzter Begründungszusammenhang, den Philosophie und Theologie aufzuweisen versuchen.

Was vermag eine Theologie zu leisten, die nach der wissenschaftsethischen Relevanz des christlichen Glaubens fragt? Die Antwort auf diese Frage kann nicht spekulativ erschlossen werden, vielmehr muß die Theologie im Prozeß der Herausbildung eines Wissenschaftsethos als Dialogpartnerin präsent sein und ihr Angebot einbringen. Es geht im folgenden nicht um die Genese eines christlich begründeten Wissenschaftsethos, sondern lediglich um den skizzenhaften Aufweis der sachlogischen Schritte seiner Ausbildung, und auch dies kann nur in einer schematischen Darstellung angedeutet werden.

1. Die Autonomie der Wissenschaft

Autonomie und Freiheit der Wissenschaft, insofern sie nicht mit anderen menschlichen Grundrechten konkurrieren, sind heute allgemein anerkannt und weithin durch die Verfassungen gewährleistet. Auch die Kirche hat ihr langes Zögern gegenüber der Freiheit von Forschung und Lehre jedenfalls grundsätzlich aufgegeben. In dem „Statut einer christlichen Intellektualität", das er in seiner bedeutsamen Rede im Kölner Dom anläßlich seines ersten Deutschlandbesuchs entworfen hat, stellt Johannes Paul II. fest, die geschichtlichen Belastungen des Verhältnisses zwischen Kirche und Wissenschaft seien weithin abgebaut und einem „partnerschaftlichen Dialog" gewichen. Trotz der Legitimationskrise, in die heutige Wissenschaft infolge der zunehmenden Funktionalisierung geraten ist, rät der Papst nicht nur zu Vorsicht und Zurückhaltung, sondern zu Mut und Entschlossenheit. Freilich müsse sich die Wissenschaft vor jener Instanz ausweisen können, von der aus auch alle kulturelle Anwendung wissenschaftlicher Erkenntnis zu beurteilen sei, vor der ,,Würde des Menschen". Schließlich begrüßt der Papst, daß immer mehr Wissenschafter nach der ,,einen und ganzen Wahrheit" fragen, die sich aus dem Glauben ergibt und in der Menschsein erst voll entfaltet werden kann.[15]

2. Konstitutive Verwiesenheiten der Autonomie der Einzelwissenschaften

Hinsichtlich der Gesetzlichkeiten und Methoden ihres jeweiligen Fachgebiets sind die einzelnen Wissenschaften authentisch und uneingeschränkt kompetent. Aber ihre Autonomie ist für die volle Erkenntnis ihrer Wahrheiten, Richtigkeiten und Geltungen nicht ausreichend. Jedes Fachwissen bedarf, um als Fachwissen seine optimale Präzision und eine tragende Begründung zu finden, der Ergänzung. Die Präzision erhalten sie durch andere angrenzende Einzelwissenschaften, die Legitimation durch Philosophie (und auch durch Theologie).

a) Ergänzung durch das Sachwissen angrenzender Einzelwissenschaften

Keine Einzelwissenschaft kann mit den ihr zur Verfügung stehenden Mitteln auch nur das volle Sachwissen über ihre eigenen Gegenstände gewinnen. Die Wirtschaftswissenschaft etwa muß sich Erkenntnisse der Naturwissenschaft, der Politik, der Rechtswissenschaft, der Soziologie u.a. zunutze machen. Aus sich selbst ermittelt die Einzelwissenschaft nur Teilaspekte des Sachwissens, wenn auch unbestreitbar die meisten und wichtigsten. Sie darf keine andere Wissenschaft übergehen, die ihr spezifisches Sachwissen zu ergänzen vermag.

b) Vermittlung des Sachwissens mit der ,,Vernunft des Ganzen" (,,Sinnwissen")

Das konkrete Sachwissen der Einzelwissenschaften kommt erst in der ,,Vernunft des Ganzen" voll zu sich selbst. Die Aufgabe der Vermittlung fällt unbestreitbar in die Kompetenz der Philosophie. Sie muß das Einzelwissen in den Gesamtzusammenhang jeglicher Wirklichkeitserkenntnis einbringen, sie muß näherhin die ,,Vernunft des Ganzen" ins Bewußtsein bringen, ihren Sinn deuten und ihre Verbindlichkeit aufweisen. Nur wenn *das Ganze im Bewußtsein gegenwärtig* ist, findet das einzelne seinen richtigen Ort.[16] Die Wirtschaft, um bei unserem Beispiel zu bleiben, hat ihre eigenen Sachgesetzte (der Äquivalenz von Leistung und Gegenleistung, des Wettbewerbs, der maximalen Effektivität u. a.). Mit dem Instrumentarium der Sachgesetze werden die Ziele der Wirtschaft bestimmt (Deckung der Bedürfnisse, Vollbeschäftigung, Geldwertstabilität, angemessenes Wachstum u. a.). Im Handlungsbereich des Wirtschaftens selbst ist diese ökonomische Rationalität unbedingt zu respektieren. Da beim Wirtschaften auch die Sicherung seiner naturalen Grundlagen gewährleistet bleiben muß, ist freilich auch die ökologische Rationalität strengstens zu beachten. Und weil Wirtschaften schließlich auf menschliches Gemeinwohl zielt, muß bei der Festlegung der Ziele des Handlungsbereichs Wirtschaft auch noch die soziale Rationalität berücksichtigt werden. Die ,,Vernunft des Ganzen'' scheint also für das wirtschaftliche Handeln in der konstitutiven gegenseitigen Verwiesenheit von ökonomischer, ökologischer und sozialer Rationalität auf.[17] Die Philosophie muß bei ihrem Bemühen um die ,,Vernunft des Ganzen'' mit dem Mißtrauen der Einzelwissenschaften rechnen, die ihren Methoden nicht allzuviel zutrauen; sie erscheinen ihnen wenig erfolgreich und wohl auch nach und nach durch bessere ersetzbar.[18]

,,Die Vernunft des Ganzen'' muß in einer *für den Menschen faßbaren und von ihm vollziehbaren Sinngestalt* präsentiert werden. Es geht in der Geschichte um das Glücken des Menschseins im Rahmen einer welthaften Existenz. Die soziale Dimension steht im Vordergrund in Formeln wie ,,Gemeinwohl'', ,,soziales Optimum'', ,,formierte Gesellschaft'' oder ,,humane Leistungsgesellschaft''; für personales Selbstsein stehen Formeln wie ,,Mündigkeit'', ,,Identität'', ,,Rationalität'', ,,Emanzipation'', ,,Freiheit und Gleichheit'', ,,Produktivität des Denkens, des Liebens und des Handelns'' oder ,,emotionale Geborgenheit''. Die Interpretamente wechseln; den Vorzug verdienen diejenigen, die den Sinn des Menschseins am ehesten angemessen zu vermitteln vermögen.

Schließlich kommt es der Philosophie, näherhin der praktischen Philosophie, also der Ethik, zu, *die ,,Vernunft des Ganzen'' als menschliche Grundverbindlichkeit aufzuweisen und zu begründen*. Dies geschieht heute vor allem unter dem Begriff ,,Verantwortung''. Er umfaßt drei Elemente von Sinnvollzug. Die Wissenschaft vermag zunächst den Anspruch zu vernehmen, der aus der Wirklichkeit auf den Menschen zukommt, und diesen Anspruch auch zu artikulieren, ihn ins ,,Wort" zu bringen. Sie vermag überdies zu verdeutlichen, wie der Mensch diesem Anspruch gerecht wird, welche ,,Ant-Wort" er auf den ins ,,Wort" gebrachten Anspruch zu geben hat, damit Menschsein in dieser Welt glücken kann. Wenn schließlich der Mensch diese Antwort aus bleibender innerer Offenheit zu geben vermag, sprechen wir von ,,Ver-antwortung" oder ,,Verantwortlichkeit".[19]

3. Aufweis der konstitutiven Verwiesenheit der Wissenschaft auf ihre Letztbegründung im Glauben durch die Theologie

Ist die ,,Vernunft des Ganzen" eine in sich selbst stehende, weil sich selbst setzende Geltung oder ruht sie auf einem tieferen Grund, der sie trägt und sie auf Entfaltung und Erfüllung hin vorandrängt? Bedarf die philosophisch erhebbare ,,Vernunft des Ganzen" zu ihrer vollen ,,Verifizierung" einer ,,tranzendenten" Begründung, in der ihre Verbindlichkeit letztlich erst den Charakter der Unbedingtheit annimmt? M. Horkheimer meint: ,,Alle Versuche, die Moral anstatt durch den Hinblick auf ein Jenseits auf irdische Klugheit zu begründen, beruhen auf harmonistischen Illusionen."[20] Der Kritische Rationalismus mag dabei bleiben, daß der Rekurs auf den Glauben den Abbruch des argumentativen Verfahrens impliziert und daß bei der Theologie von Freiheit der Lehre und der Forschung keine Rede sein kann; darum habe sie auch an der Universität nichts zu suchen, sie diene lediglich der Indoktrination des Pfarrernachwuchses und der ,,Ausarbeitung, Verfeinerung und ,wissenschaftlichen' Abstützung von Ideologien."[21] Glaube im Sinn einer fundamentalen Option ist ein gemeinmenschliches Phänomen; im Kritischen Rationalismus findet er sich etwa als Glaube an die emanzipatorische Kraft der kritischen Rationalität. Im folgenden sei ohne weitere Auseinandersetzung mit dieser oder ähnlichen Optionen vom christlichen Glauben als einer praktikablen und vielfach bewährten Möglichkeit einer Letztbegründung von Wissenschaft gehandelt.

a) Anzeige der theologischen Dimension von Wissenschaft

Man hat den Unterschied zwischen dem Einzelwissenschaftler und dem Philosophen einerseits und dem Theologen andererseits darin gesehen, daß erstere sich für die Eigennatur der Dinge interessieren, letzterer für ihre transzendente Beziehung, erstere für ihre vernünftige Erklärung, letzterer für ihre nur dem Glauben einsichtigen Sinnbezüge.[22] Für den christlichen Glauben ist die Rede von einem letzten Grund und Ziel der Welt nicht ein ideologischer Überbau über die Wirklichkeit, sie eröffnet ihm vielmehr die Möglichkeit, ,,die Wirklichkeit auf ihren letzten Sinn hin zu interpretieren und dadurch zu einem umfassenden Sinnzusammenhang zu integrieren"[23].

b) Aufweis der wissenschaftsethischen Implikationen des christlichen Sinnhorizonts
1. Integrierende Verifizierung der Wissenschaft im christlichen Glauben (Schöpfungsglaube)

Der christliche Glaube bekundet, daß die Welt durch das ,,Wort" erschaffen ist. Das schöpferische ,,Wort" konstituiert die Wirklichkeit der Welt, setzt sie ins Dasein und begründet ihre Rationalität mitsamt ihrer dynamischen Intentionalität auf Sinn und Ordnung hin. In dieser von Gott gestifteten und der menschlichen Vernunft zugänglichen Wahrheit der Welt gründen alle Gesetzlichkeiten und alle Sinnwerte, die bislang vom Menschen in seinem wissenschaftlichen Umgang entdeckt worden sind: im physikalischen, chemischen, biologischen, mathematischen und logischen Bereich genau so wie im Bereich der personalen Existenz des Menschen, seiner sozialen Verbundenheit, seiner naturalen Einwurzelung. Auch die ästhetischen und die ethischen Gesetze haben hier ihren letzten Grund. Hier ist der theologische Ort jeglicher Wissenschaft, Technik und Kultur. Die klassische Theologie hat um die Bedeutung einer solchen Aussage gewußt. So lesen wir im Prologus zur Pars II der Summa theologiae des Thomas von Aquin, die Gottebenbildlichkeit des Menschen bestehe darin, daß er selbst Prinzip seiner Werke sei, daß er Vernunft, freien Willen und Macht über sein Handeln habe.[24] Der christliche Glaube vermittelt freilich keinerlei Vorgabe an Wissen darüber, wie denn das Leben des Menschen im einzelnen und im Ganzen der Geschichte

zu gestalten ist. Der Christ muß wie jeder andere mit den anderen zusammen nach optimalen Mitteln und Wegen sinnvoller und fruchtbarer Daseinsgestaltung suchen. Es gibt keine kategorialen göttlichen Interventionen in die Geschichte zu dem Zweck, dem Menschen über die Aporien hinwegzuhelfen, in die er sich bei seinem Handeln an der Welt hineinmanövriert. Die Welt liegt in der Verantwortung des Menschen, solange es Geschichte gibt, aber der christliche Glaube versichert ihm, daß er sich nicht täuscht, wenn er Vertrauen hat, und daß es ein Sinnzentrum aller Wirklichkeit gibt, von dem her alles Sein und Leben mit der Existenz zugleich auch Wert und Sinn empfangen. M. Schramm, renomierter Historiker der Naturwissenschaften, weist darauf hin, daß Vertreter der neuen Naturwissenschaft, wie sie im 17. Jahrhundert hervortritt, durchaus religiös motiviert sind: Sie wollen neben der Hl. Schrift eine neue Quelle der Offenbarung erschließen, die uns Kunde gibt von Gott. Er schreibt: ,,Wir dürfen nicht verkennen, daß es weithin diese Überzeugung war, dieser religiöse Auftrag, dem man zu genügen glaubte, der unserer neuen Naturwissenschaft zur Triebfeder gedient und die nahezu explosive Kraft geliefert hat, mit der man von Erfolg zu Erfolg schritt . . . Die Überzeugung, daß Gott durch das Buch der Natur zu uns spreche, kam nicht von ungefähr. Sie war verbunden mit, erwachsen aus dem Glauben, daß Gott am Anfang Himmel und Erde geschaffen hat, daß die Natur sein Werk ist. Ohne diesen Glauben wäre die Kraft unbegreiflich, welche die neue Wissenschaft in ihrer Entwicklung vorangetrieben hat. Und wird ohne diesen Glauben, so müssen wir weiter fragen, diese Entwicklung bleiben?''
M. Schramm bleibt sich aber bewußt, daß die Naturwissenschaft uns ,,nicht dorthin als Führerin dienen kann, wo die Hl. Schrift es beansprucht''[25]. Die Hl. Schrift bekundet zwar zunächst, daß der Mensch konstitutiv in die Welt hineingebunden, daß er zugleich auch in seine Autonomie hinein freigesetzt und in die Geschichte eingewiesen ist, weil er nur so in ihr die durch die Schöpfung gestifteten Möglichkeiten der Welt in Wirklichkeit überführen und damit die ihm übergebene Welt nach den Vorgaben des Schöpfers entfalten und erfüllen kann. Aber die Botschaft der Hl. Schrift geht weit darüber hinaus.

2. Ermunterung der positiven Tendenzen der Wissenschaft (Zusage einer absoluten Zukunft)

In Jesus Christus tritt der Gott der Schöpfung in die Welt der Menschen ein und offenbart ihr eigentliches Ziel. Dies anzusagen ist der Kern der evangelischen Verkündigung. Die im Anfang vollzogene Sinnstiftung wird durch Vorstellungen wie „Reich Gottes", „neue Erde", „Stadt Gottes" u.a. verdeutlicht. Der menschliche Einsatz in der Welt zielt also nicht mehr nur auf die Entfaltung ihrer naturalen Möglichkeiten, sondern über diese hinaus auf ihr Heil. Der christlich Glaubende weiß sich auf dem Weg in eine absolute Zukunft. Diese absolute Zukunft schließt die innerweltliche nicht aus, sondern ein. Der Glaube an die absolute Zukunft bewirkt kritische Distanz gegenüber den Faszinationen wissenschaftlicher Fortschritte, er ermuntert aber zugleich, alle positiven Möglichkeiten engagiert voranzutreiben. Der Glaube hat zwar keine Verheißung, daß die Welt innergeschichtlich glückt, aber er vermittelt die Zuversicht, daß alle in der Geschichte vollbrachten menschlich sinnvollen Werke nicht nur dieser selbst voranhelfen, sondern vor Gott gültig bleiben und zusammen mit der Vollendungsgestalt der Welt in seine Endgültigkeit eingeholt werden.[26]

3. Kritische Auseinandersetzung mit absolutistischen Tendenzen der Wissenschaft (Lehre von der Sünde)

Die biblische Lehre von der Sünde impliziert eine Warnung an die menschliche Vernunft. Man hat den tiefsinnigen Mythos vom Sündenfall in Gn 3 als Aufhebung der dem Menschen gesetzten Grenze interpretiert, als Schritt in die „unreflektierte Grenzenlosigkeit, die bewußte Mißachtung eines Gegenüber, vor dem Leben verantwortet wird"[27]. Es ist gewiß schwierig, die Folgen wissenschaftlicher Fortschritte im voraus zu erkennen, weil sie eben letztlich nicht durch prognostische Spekulation, sondern nur durch die Erfahrung ausgewiesen werden. Immerhin reicht die bisherige Erfahrung aus, um die Menschen vor naiver Verkennung der Ambivalenz aller wissenschaftlichen und technischen Fortschritte hinlänglich deutlich zu warnen. Jeder Fortschritt im Forschungs- und Technisierungsprozeß bringt belastende Nebenwirkungen in der menschlichen Lebenswirklichkeit mit sich. Vor allem aber ist zu bedenken, daß der Wissenschaft eine absolutistische Tendenz innewohnt. Diese Tendenz, sich für die Lösung aller Fragen anzubieten oder aufzudrängen, nennt K. Rahner ,,gnoseologische Konkupiszenz". Neue Wissenschaften unterliegen dieser Versuchung besonders leicht. Doch hat auch die Theologie sich zeitenweise als eine Art Superwissenschaft oder Universalwissenschaft den anderen aufgedrängt und diese in den Status der Dienstbarkeit einzuweisen versucht. Solcher ,,gnoseologischer Konkupiszenz" muß der Wissenschaftler widerstehen. Doch muß er sich zugleich bewußt bleiben, daß ,,innerhalb der konkreten Individual- und Menschheitsgeschichte dieser konkupiszente Zustand, dieser unintegrierte, pluralistische Zustand nie adäquat überwunden werden kann"[28].

4. Kritische Reflexionen herkömmlicher, den Dialog zwischen Wissenschaft und Kirche lähmender Positionen

Damit die Letztbegründung des wissenschaftlichen Ethos im Glauben nicht durch unnötige Sperren oder Behinderungen erschwert wird, muß die Theologie schließlich überkommene kirchliche Positionen, die wissenschaftlich nicht mehr vermittelbar sind, kritisch reflektieren. Dies sei am herkömmlichen lehramtlichen Selbstverständnis und am herkömmlichen Gottesverständnis verdeutlicht.

a) *Das herkömmliche lehramtliche Selbstverständnis*

Aus vielerlei geschichtlichen Gründen zeigte sich das kirchliche Lehramt dem Dialog mit den Wissenschaften bis in die Gegenwart hinein wenig aufgeschlossen, vor allem wenn diese im Bereich weltbildlicher oder gar ethischer Diskussionen ihre Kompetenz angemeldet haben. Dem Lehramt war die Einheit wichtiger als die vorbehaltlose Wahrheitssuche; darum hat es zumal für die so lebenswichtigen Moralfragen die gleiche Sicherheit vermitteln wollen wie in Glaubensfragen. Leider haben Dogmatik und Fundamentaltheologie die offensichtliche Verschiedenheit der lehramtlichen Kompetenz in rebus fidei und in rebus morum nur sehr unzureichend reflektiert. So hat sich das herkömmliche lehramtliche Selbstverständnis – der Neuansatz in der Antrittsenzyklika Pauls VI. ,,Ecclesiam suam" blieb nahezu unbeachtet – im wesentlichen bis heute durchgehalten: Die Wahrheit wird monologisch präsentiert;

die Moraltheologen haben sie aus der biblischen Offenbarung nachzuweisen, die Gläubigen im Gehorsam anzunehmen. Eine solche Struktur erwies sich in der Durchsetzung lange Zeit als sehr effektiv. Aber der Preis war zu hoch: Man wurde der Komplexität der Wirklichkeit und der Wahrheitserkenntnis nicht hinreichend gerecht. Ein Lehramt, das für alle Zeit alles mit größter Bestimmtheit festlegen zu müssen glaubt, mag sich mit manchen guten Gründen ausweisen, aber es verkennt, daß für den Bereich der ethischen Wahrheitsfindung das dialogische Prinzip auch innerhalb einer Glaubensgemeinschaft unverzichtbar ist. Seine authentische Kompetenz in rebus morum muß keinerlei Einbuße hinnehmen, sondern kann nur gewinnen, wenn das kirchliche Lehramt sich in einen gemeinsamen Suchprozeß einordnet, in dem neben seiner eigenen noch andere Kompetenzen ins Spiel kommen müssen, wenn anders wissenschaftliche Einsichten aus den einschlägigen Sachgebieten bei der Findung des menschlich Richtigen in angemessener Weise zum Tragen kommen sollen.

Die Theologie hat vor allem seit dem Vatikanum II sich von der Vorstellung einer einseitigen Autoritätskirche abgewandt und sieht mit zunehmender Entschiedenheit Kirche als communio. H. J. Pottmeyer charakterisiert den in der Kirche als communio geführten Prozeß der Wahrheitsfindung folgendermaßen: „Träger der Wahrheitsfindung ist nicht allein das Lehramt, die Kriterien sind nicht allein die des Glaubens, die entsprechenden Einsichten und Aussagen, zu denen man findet, sind mannigfach bedingt und deshalb in vielen Fällen nicht endgültig . . . Lehrende und Lernende (sind) nicht mehr streng geschieden, die Lehrenden müssen ihre Lehre verantworten, zur Wahrheitsfindung bedarf es des Zusammenspiels verschiedener Kompetenzen, gelernt wird auf dem Weg der Überzeugung. Einheit ist das Ergebnis gemeinsamer Überzeugung und Verantwortung."[29] Wenn sich ein solches Selbstverständnis des kirchlichen Lehramts, wie es sich in der Antrittsenzyklika Pauls VI. und in der Rede Johannes Pauls II. im Kölner Dom deutlich angekündigt hat, konkret durchsetzt, wird dem Dialog zwischen Kirche und Wissenschaft und damit dem immer schwieriger werdenden Prozeß der Wahrheitsfindung eine fruchtbare Zukunft offenstehen.

b) Das herkömmliche Gottesbild

Die Theologie muß sich auch kritisch auseinandersetzen mit einem allzu anthropomorphen Gottesbild, das der kirchlichen Verkündigung im allgemeinen, aber auch lehramtlichem, teilweise sogar noch theologischem Sprechen zugrundeliegt und in dem Gottes Handeln als ein ständiges unmittelbares Intervenieren in Welt und Geschichte hinein verstanden wird: Gott gibt dem Menschen seine Gebote, Gott fordert herrscherliche Rechte ein, Gott greift konkret in die Entwicklung der Welt ein. Angesicht eines solchen Gottesbildes gibt es für einen Dialog zwischen Wissenschaft und Kirche keinen Raum.[30]

Die Formel vom ,,göttlichen Gesetz" kann nicht bedeuten, daß Gott dem Menschen seinen Willen in Form von Geboten in unmittelbarer Zusprache offenbart; so war es nicht bei den ,,Zehn Geboten", so war es auch später nie. (In ihrer Lehre von den ,,evangelischen Räten" hat die Moraltheologie den Bereich individueller Berufungen von den allgemein geltenden Geboten abgegrenzt. Was das für unsere Frage impliziert, kann hier außer Acht bleiben.) Wir kennen keine Offenbarung konkreter ethischer Normen. Gott hat der Welt in ihrer Erschaffung duch das ,,Wort" bestimmte Gesetze und Ordnungen als Prädeterminationen eingestiftet und den Menschen mit Vernunft ausgestattet, damit er sie auskundschafte und in seinem Leben respektiere. Was unter der Formel ,,göttliches Gesetz" erscheint, ist in Wirklichkeit die sehr unvollkommenere Form, in der wir den Anspruch Gottes wahrnehmen und ausdrücken.[31]

Wie die Vorstellung von Gott als ,,Gesetzgeber", so muß auch die von Gott als ,,Herrscher" kritisch hinterfragt werden. In der herkömmlichen Moraltheologie bewertet man aktive Euthanasie und Suizid als Zurückweisung des Herrschaftsanspruchs, den Gott sich in der kategorial menschlichen Welt auf das menschliche Leben reserviert hat. Ausnahmen wie Tötung im Krieg, in Notwehr oder im Strafvollzug werden damit begründet, daß Gott in diesen Fällen seinen Herrschaftsanspruch ausnahmsweise delegiert hat. Eine kritische Theologie stellt dagegen fest, daß ,,die sittliche Erlaubtheit oder Unerlaubtheit tatsächlichen Gebrauchs des menschlichen Verfügenkönnens über menschliches Leben von unserer wertenden Reflexion (christlich: ‚im Lichte des Evangeliums') über die Würde des menschlichen Lebens und das innerweltliche Recht menschlicher Existenz her gefunden bzw. beurteilt werden (muß), und zwar im Vergleich mit anderen konkurrierenden irdischen Werten und Gütern"[32]. Gottes Herrschaft wird dadurch in keiner Weise bestritten. Aber es bleibt dem Menschen aufgebürdet zu entscheiden, wie dieses Herrsein Gottes konkret geschichtlich durchzusetzen ist.

Und schließlich wird in allzu anthropomorpher Weise gesagt, Gott greife unmittelbar in die Entwicklung der Welt ein. So gibt es immer noch die Auffassung, Gott werde im menschlichen Zeugungsakt als Schöpfer neuen Lebens ,,ko-operativ wirksam" (Kreationismus). Empfängnisverhütung bedeute dann, daß der Mensch ,,Gott an seiner aktiven Präsenz im Zeugungsakt hindere"[33]. Auch hier wird nicht zwischen der menschlichen Ursächlichkeit im weltlichen Handeln und der transzendenten Ermöglichung dieses Handelns durch Gott unterschieden. Man kann gewiß sagen, Gott sei immer am Werk in dieser Welt oder ,,Gottes Taten gehen weiter". Aber Gott wirkt in der Geschichte stets durch causae secundae, durch die von ihm geschaffenen und für ihre Weltaufgabe hinreichend ausgestatteten ,,Zweitursachen".

Im Prologus zur II–II der Summa theologiae schreibt Thomas von Aquin: In der Pars I sei gehandelt über Gott und über alles, was nach seinem Willen aus seiner Macht hervorgegangen ist; nun stehe die Betrachtung seines Ebenbildes an, d. h. des Menschen, insofern dieser selbst Prinzip seiner Werke ist, da er ja einen freien Willen und die Macht über sein Handeln hat.[34] Thomas führt an dieser bedeutsamen Stelle, wo er methodisch und inhaltlich das Signal für seine moraltheologische Konzeption stellt, die Vorstellung der Gottebenbildlichkeit ein und hebt dabei heraus, daß mit ihr der Mensch die Fähigkeit bekommen habe, über sich selbst und sein Handeln zu verfügen. Hier spricht er klar über die Autonomie des Menschen: Der Mensch ist Prinzip seiner selbst, Herr seiner Werke, Ursache seiner Selbst; er ist ,,sich selbst Gesetz" (Röm 2,14).[35] Thomas erscheint also in erstaunlicher Nähe zu Kant, zumal auch für diesen ,,schon die innermoralisch verstandene Autonomie nicht als eine absolute, sondern als eine gehorsame und so transzendenzoffene verstanden werden kann"[36]. Jedenfalls könnte Thomas der Kantschen ,,Idee des Willens eines jeden vernünftigen Wesens als allgemeingesetzgeberischen Willens" genauso zustimmen wie der Forderung Kants, daß der Mensch „nur seiner eigenen und dennoch allgemeinen Gesetzgebung unterworfen sei"[37]. Der Gott des Thomas beraubt den Menschen nicht seiner Freiheit. Er erschafft ihn als Herren seiner selbst, und der Mensch soll dies durch sein ganzes Dasein bleiben, weil Gottes Herrschaft eine transzendente und „liberale" Herrschaft ist: Gott wirkt nicht durch ständige Interventionen in die menschliche Geschichte hinein, vielmehr hat er den Menschen für die ganze Dauer der Geschichte freigesetzt, damit er das Herrsein Gottes darin durchsetze. –

„Die Vernunft des Ganzen" heißt unser Thema. Unser Ergebnis: Die Theologie kann vieles zur Erkenntnis seiner Verbindlichkeit beitragen. Es wäre schon nicht wenig, wenn sie nur das täte, wovon hier die Rede war.

Anmerkungen

1 Vgl. zum folgenden das thematische Heft der Theol. Quartalschrift 157 (1977) 161–225, das die Tübinger Professoren der Kath. Theologie anläßlich des 500jährigen Bestehens der Eberhard-Karls-Universität zu Tübingen unter dem Titel „Theologie im Haus der Wissenschaft" herausgegeben und in dem sich auch eine Reihe renommierter Wissenschaftler aus anderen Fachbereichen (M. Schramm, H. Kautsky, H. Tenbruck, R. Brinkmann) zum Thema geäußert haben. Die zitierte Bestimmung von Theologie findet sich bei M. Seckler, Theologie, Religionsphilosophie, Religionswissenschaft, in: a.a.O. 163–176, hier 168.
2 Vgl. dazu R. Schaeffler, Zur Wissenschaftstheorie der Theologie, in: a.a.O. 177–188.
3 ThQ 1 (1819) H. 1.
4 J. Simon, Zur philosophischen Ortsbestimmung theologischer Wissenschaft von ihrem Gegenstand her, in: ThQ, a.a.O. 204–207, hier 204f.; Unterstreichungen geben Hervorhebungen des Verf. wieder.
5 Vgl. M. Seckler, Theologie, Religionsphilosophie, Religionswissenschaft 167–171.
6 Vgl. W. Kasper, Dogmatik als Wissenschaft, in: ThQ, a.a.O. 189–203, führt diesen Wandel auch auf den Wandel von der Autoritäts-Ekklesiologie zur Communio-Ekklesiologie zurück.
7 STh II–II, q. 1, art. 6: perceptio divinae veritatis tendens in ipsam; vgl. art. 2 ad 2: Actus autem credentis non terminatur ad enutiabile, sed ad rem. Vgl. W. Kasper, Dogmatik als Wissenschaft 198.
8 Beim kürzlichen Ad-limina-Besuch der Österreichischen Bischöfe hat Johannes Paul II. nachdrücklich betont, es dürfe an der Gültigkeit der Lehre von „Humanae vitae" kein Zweifel gelassen werden. Bischöflichen Erklärungen, die im Anschluß an die Veröffentlichung der Enzyklika mit sorgfältigen Differenzierungen die grundsätzliche und unbestrittene Lehre von der Würde echter (!) Gewissensentscheidung in Erinnerung gerufen haben (wie z.B. die „Königsteiner Erklärung" der Deutschen Bischofskonferenz), wurde beim gleichen Anlaß „eine gewisse Ratlosigkeit" attestiert. Vgl. HK 41 (1987) 377. – Unter II (4) a in diesem Beitrag wird darauf hingewiesen, daß

seit dem Vatikanum II die Theologie sich von der Vorstellung einer einseitigen Autoritätskirche abgewandt hat und Kirche mit zunehmender Entschiedenheit als communio sieht. Sollten einzelne Bischofskonferenzen ihre „Erklärungen" zu „Humanae vitae" in mehr oder weniger deutlicher Form zurückziehen oder „fortschreiben" oder gar „korrigieren", wird es zu einer gefährlichen „Ratlosigkeit" im Hinblick auf den Wahrheitsgehalt bischöflicher Verlautbarungen kommen; die fruchtbare Entfaltung des Communio-Gedankens würde dadurch einen schmerzlichen Aufschub erleiden.

9 Zit. bei R. Reinhardt, Dimensionen einer kirchlichen Theologie, in: ThQ, a. a. O. 223 – 225.
10 Vielleicht ist irgendwo Tag. Aufzeichnungen, Freiburg – Heidelberg 1981, 217.
11 STh I, 3 prologus und In Trin. 1,2 ad 1, zit. in einem ungedruckten Vortrag von J. Pieper, Thomas von Aquin – aktuell? (1986).
12 Vgl. z. B. E. McDonagh, Invitation and response, Dublin 1972, und Gift and call, Dublin 1977.
13 J. Gnilka, Der Epheserbrief, Freiburg – Basel – Wien 1971, 217. Vielleicht könnte man aletheuein en agape übersetzen mit „die Wahrheit treiben in Liebe" oder „die Wahrheit treiben als in die Gemeinschaft liebend Eingebundene".
14 Vgl. P. Koslowski, Ph. Kreuzer, R. Löw (Hrsg.), Die Verführung durch das Machbare. Ethische Konflikte in der modernen Medizin und Biologie (Civitas Resultate, Bd. 3) Stuttgart 1983, 7: Die praktische Philosophie „dient der Integration der verschiedenen wissenschaftlichen Disziplinen in das Gesamt der wesentlichen Zwecke des Menschen . . ."
15 Johannes Paul II. in Deutschland (Verlautbarungen des Apostolischen Stuhls 25), hrsg. vom Sekretariat der Deutschen Bischofskonferenz, Bonn o. J. 24 – 34. Vgl. dazu J. H. Newman, Vom Wesen der Universität, übers. von H. Bohlen (Ausgew. Werke, hrsg. von M. Laros und W. Becker, Bd. V), Mainz 1960, vor allem 47 – 113. Vgl. auch A. Auer, Profanes Fachwissen und christlicher Glaube, in: Lebendige Seelsorge 6 (1958) 152 – 157.
16 J. H. Newman, Vom Wesen der Universität 94 – 113, spricht von „universalem Wissen", das eben die Philosophie zu vermitteln hat. Vgl. auch H.-B. Gerl, „Das Ganze der geistigen Welt im Auge haben" – Romano Guardinis Denken zwischen den Wissenschaften, in: Jahres- und Tagungsbericht der Görresgesellschaft 1985, 83 – 104.
17 Zum methodischen Vorgehen bei der Suche nach der „Vernunft des Ganzen" vgl. A. Auer, Wirtschaftsethische Aspekte des Umweltschutzes, in: Umwelt und Gewissen, hrsg. von der Arbeitsgemeinschaft christl. Unternehmer in der BRD und der Vereinigung christl. Unternehmer der Schweiz, 1987, 46 – 68.
18 Frederik Soddy, Mitentdecker des radioaktiven Atomzerfalls, hat schon während des Ersten Weltkriegs gegen die „Bildungsmächte" den Vorwurf erhoben, sie hielten dem Fortschritt nicht stand; der wissenschaftliche und technische Fortschritt könne nun einmal nicht mit einer Philosophie bewältigt werden, die „aus der Zeit des trojanischen Pferdes" stamme; zit. bei F. Wagner, Die Wissenschaft und die gefährdete Welt, München 1964, 128.
19 Ein Hinweis auf die Verbindlichkeit der „Vernunft des Ganzen" liegt in dem Begriff TOB = gut, der in der Schöpfungsgeschichte von Gn 1 gleich siebenmal auftaucht: Gott sah, daß es (sehr) gut war. TOB bedeutet u. a. nutzbar und schön. Der Bedeutungsgehalt umfaßt also die Nutzbarkeit und die Sinnhaftigkeit der Wirklichkeit. Die von Gott geschaffene Welt ist aufgrund ihrer Geordnetheit und Zweckmäßigkeit für den Menschen brauchbar; das macht ihre Funktionalität aus, deren sich der Mensch als homo faber und als homo oeconomicus bedient. Aber Welt funktioniert nicht nur, sie bedeutet; es eignet ihr nicht nur Funktionalität, sondern Transparenz; sie hat nicht nur Zweck, sondern Sinn. Um die „Vernunft des Ganzen" wahrzunehmen und durchzusetzen, muß sich der Mensch auch dort ansiedeln, wo die Welt Sinn hat, wo sie vom Schöpfer in sie Hineingesprochenes offenbaren soll und will: Er tut es als homo ludens und als homo creator. – Die „Vernunft des Ganzen" in ihrer Zwei-Dimensionalität zu erheben, für ihre konkrete Durchsetzung Prinzipien und Entscheidungskriterien bereitzustellen, damit er *sittlich richtig* handeln kann, und sittliche

Grundhaltungen vorzustellen, in denen sich auch *sittlich gutes* Verhalten konkretisiert, gehört zu den wichtigsten Aufgaben der Ethik.
20 Die Sehnsucht nach dem ganz Anderen, Hamburg 1970, 60. Unter dem Eindruck der rasanten Entwicklung von Wissenschaft und Technik schreibt H. Jonas, Das Prinzip der Verantwortung, Frankfurt 1984, 57: „Es ist die Frage, ob wir ohne die Wiederherstellung der Kategorie des Heiligen, die am gründlichsten durch die wissenschaftliche Aufklärung zerstört wurde, eine Ethik haben können, die die extremen Kräfte zügeln kann, die wir heute besitzen und dauernd hinzuerwerben und auszuüben beinahe gezwungen sind."
21 H. Albert, Traktat über kritische Vernunft, Tübingen ²1969, 125–130.
22 Thomas von Aquin, Prologus in II Sent; II Contra gent. 4; vgl. Y. Congar, Der Laie, Stuttgart 1957, 45.
23 W. Kasper, Dogmatik als Wissenschaft 199. Für J. H. Newman, Vom Wesen der Universität 47–69, bietet das Glaubenswissen dem profanen Wissen nicht irgendeine Ergänzung wie profane Wissenschaften, sondern letzte Verankerung und letzte Sinndeutung. Es geht um die Frage nach dem letzten Ursprung, dem eigentlichen Sinn und dem endgültigen Ziel der ganzen Wirklichkeit und ihrer Geschichte, um ihren umgreifenden Sinnhorizont.
24 STh I–II, prol. Vgl. auch De ver. XXIV, 1.
25 Theologie und Naturwissenschaft – gestern und heute, in: ThQ, a. a. O., 208–213, hier 210f. Vgl. M. Weber, Gesammelte Aufsätze zur Wissenschaftslehre, Tübingen 1922, 524–555: Wissenschaft als Beruf, hier 539: „Gott ist verborgen, seine Wege sind nicht unsere Wege, seine Gedanken nicht unsere Gedanken. In den exakten Wissenschaften aber, wo man seine Werke physisch greifen konnte, da hoffte man, seinen Absichten auf die Spur zu kommen. Und heute? Wer – außer einigen großen Kindern, wie sie sich gerade in den Naturwissenschaften finden – glaubt heute noch, daß Erkenntnisse der Astronomie oder der Physik oder der Chemie uns etwas über den Sinn der Welt, ja auch nur etwas darüber lehren könnten: auf welchem Wege man einem solchen Sinn – wenn es ihn gibt – auf die Spur kommen könnte?"
26 Nach Teilhard de Chardin, Die Zukunft des Menschen, Olten–Freiburg 1963, steht die Geschichte der Menschen gegenwärtig an einem entscheidenden Wendepunkt. Geistige Durchdringung und technische Beherrschung der Welt sind so weit fortgeschritten, daß die Wissenschaft allein die immer komplexer werdenden Probleme nicht mehr zu lösen vermag. Nun sagt uns die christliche Offenbarung, daß das Wort der Schöpfung, das in Jesus Christus in die Geschichte eingetreten ist, der letzte Ursprung und der tiefste Sinn der geschichtlichen Dynamik ist. Alles geschieht aus den Möglichkeiten, die er in der Welt angelegt, mit den Mitteln, die er ihr mitgegeben, auf das Ziel hin, das er ihr gesetzt hat. Nur in dieser „Verflechtung von oben her" kann der sich entwickelnden Welt noch der innere Zusammenhalt gesichert werden. Aus solchem Glauben wird der Wissenschaftler ermuntert, sich mit den positiven Tendenzen zur Erkenntnis und Durchsetzung der Wahrheit zu solidarisieren.
27 W.-D. Marsch, Die Folgen der Neuzeit, Gütersloh 1974, 58.
28 Vgl. K. Rahner, Die Theologie im interdisziplinären Gespräch der Wissenschaften, in: Schriften zur Theologie, Bd. 10, 89–103, hier 99f.
29 In: Nicht veröffentlichte „Fundamentaltheologische Bemerkungen" zur innerkirchlichen Spannung zwischen Bischöfen und Moraltheologen, S. 2 und 4.
30 Vgl. J. Fuchs, Das Gottesbild und die Moral innerweltlichen Handelns, in: Stimmen der Zeit 202 (1984) 363–382; ders., Bischöfe und Moraltheologen. Eine innerkirchliche Spannung, in: A. a. O. 201 (1983) 601–619.
31 Wir können darum auch Gott nicht unmittelbar beleidigen, wohl aber uns seinem Weltwillen verweigern, wenn wir die von ihm verfügte Weltordnung und die darin eingestifteten Anordnungen für ein geglücktes Menschsein mißachten. Vgl. Thomas von Aquin, Summa contra gentiles III, 123: „Non enim Deus a nobis offenditur nisi ex eo quod contra nostrum bonum agimus."
32 J. Fuchs, Das Gottesbild und die Moral innerweltlichen Handelns 375; vgl. auch A. Holderegger, Suizid und Suizidgefährdung. Humanwissenschaftliche Ergebnisse – an-

thropologische Grundlagen, Freiburg/Schweiz – Freiburg – Wien 1979, und F. Scholz, Wege, Umwege und Auswege der Moraltheologie. Ein Plädoyer für begründete Ausnahmen, München 1976.
33 So C. Caffara nach J. Fuchs, Das Gottesbild und die Moral innerweltlichen Handelns 377.
34 Belege bei A. Auer, Die Autonomie des Sittlichen nach Thomas von Aquin, in: Christlich glauben und handeln (Festschrift für J. Fuchs), hrsg. von K. Demmer und B. Schüller, Düsseldorf 1977, 31–54, hier 44f.
35 E. Przywara, Crucis Mysterium. Das christliche Heute, Paderborn 1939, 67f., interpretiert dies so: „Das ist das Zeichen der eigentlichen Excellentia Divina, daß Gott . . . Seine Geschöpfe sich selbst überläßt, daß sie Eigen-Sein und Eigen-Wirken und Eigen-Vorsehung haben bis zur Freiheit einer ‚gleichsam Ursache seiner selbst' . . . und ‚Herrentum über sich' und ‚Eigenbestimmung seines Wollens' . . . Wahre thomistische Betonung des ‚Himmels auf Erden' ist also nur in dem Ausmaß echt, als sie zielt auf eine Erde, die als Erde bis zum Äußersten gegen Gott selbständig und so Gott ähnlich wird. Wahrer Thomismus ist: Vom Sakralismus zum Säkularismus."
36 J. Schwartländer, Der Mensch als Person. Kants Lehre vom Menschen, Stuttgart 1968, 167f.
37 I. Kant, Grundlagen zur Metaphysik der Sitten IV, 290f.

Moralität und Moral in sozialwissenschaftlicher und psychologischer Perspektive

Hans A. Hartmann

„Zwei Dinge erfüllen das Gemüt mit immer neuer und zunehmender Bewunderung und Ehrfurcht, je öfter und anhaltender sich das Nachdenken damit beschäftigt: Der bestirnte Himmel über mir und das moralische Gesetz in mir." So lautet der vielleicht eindrucksvollste Satz des kritischen Idealisten Immanuel Kant – zu lesen im Beschluß seiner „Kritik der praktischen Vernunft" (1788) und auf seinem Grabstein am Dom zu Königsberg.[1]

Eindrucksvoll, gewiß – aber auch leicht gesagt, wenn man hinter dem Schreibtisch sitzt. Doch die Denker und Moralisten saßen ja meistens hinter Schreibtischen, und wenn sie sich – was gelegentlich vorkam – erhoben und handelten, dann wurde es nicht selten ungemütlich im Lande. Von Tomás de Torquemada bis zum Ayatollah Khomeini, von Robespierre bis Pol Pot, Ulrike Meinhof und Gudrun Ensslin: alles Moralisten. Aktive Moralisten, die *keine* Menschenleben auf dem Gewissen haben, tranken den Schierlingsbecher oder öffneten sich die Pulsadern, wurden gekreuzigt, erschossen und erschlagen. Der bestirnte Himmel wölbte sich, kalt und ewig, über Katyn, Auschwitz und My Lai, und wer, wenn es darauf ankam, das moralische Gesetz in sich spürte, starb als Märtyrer, emigrierte oder – schwieg. Wer mit der Moral ganz Ernst machen will, hat offenbar nur zwei Alternativen: gefährdet oder gefährlich zu sein. Und wer's mit ihr nicht gar so genau nimmt, setzt sich nicht allzu schweren Herzens über etwas hinweg, wovon er doch überzeugt zu sein schien.

Wie? Wäre Moral also entweder *unverbindlich,* etwas, das man nach Belieben aus- und einschalten kann, oder *„lebensgefährlich"* (was Nietzsche sogar Kants „kategorischem Imperativ" vorwarf);[2] führte sie letztlich zum Wert*relativismus* oder aber zur *Tyrannei* der Werte und zum Rigorismus freiwilligen Unrechtleidens? Schaffen wir sie ab! Oder wäre das voreilig? Wofür *braucht* man eigentlich Moral, was *ist* sie denn überhaupt?

Um mich der Beantwortung dieser Fragen schrittweise zu nähern, stelle ich moralische Extremvarianten und fürs erste auch Kants „ewiges Sittengesetz" beiseite und definiere unseren Gegenstand maßvoll und pragmatisch, wie sich das für einen ordentlichen Psychologen und Sozialwissenschaftler gehört. *Moral* ist ein mehr oder minder widerspruchsfreies System von Regeln, das auf Wertvorstellungen beruht, in psychischen oder sozialen Konfliktfällen aktiviert wird und als interindividueller Maßstab für „richtiges", d. h. für „charakterfestes", „humanes" und „gerechtes" Handeln dienen kann. Während die *technisch-instrumentelle* Beurteilung einer Handlung danach fragt, ob, wie und mit welchem Wirkungsgrad ein erstrebtes eigenes Handlungsziel erreichbar ist bzw. erreicht wurde, bewertet das *moralische* Urteil eine beabsichtigte oder ausgeführte Handlung nach folgenden Gesichtspunkten: (1) Entspricht sie meinem idealen Selbstbild (Kant würde sagen: Erfüllt oder verletzt sie Pflichten, die ich gegenüber mir selbst habe) und (2) tangiert, d. h. fördert oder behindert sie die Interessen anderer? Das moralische Urteil dient also der Selbstregulation sowie der Lösung interindividueller Interessenkonflikte und gesellschaftlicher Koordinationsprobleme.[3]

Zumindest das Zweite, so werden Sie mir entgegenhalten, tun *Gesetze* auch (und nicht nur sie). Wo bleibt die Differentia specifica zur Moral? In der Tat ist meine Moraldefinition noch unvollständig, und ich werde die fehlenden Bestimmungsstücke nachliefern, indem ich die *moralische* Handlungsregulation mit anderen Formen sozialer Koordinierung vergleiche. Dabei muß ich vorausschicken, daß es zwar – vielleicht – ein höchstes Moral*prinzip* gibt, aber sehr unterschiedliche Moral*systeme,* und daß ich hier eines im Kopf habe, dessen Niveau die wenigsten moralischen Akteure erreichen. Am 7. August 1987 wurde in Rheinland-Pfalz ein Lehrer wegen Volksverhetzung und Beleidigung zu 9 Monaten Freiheitsstrafe mit Bewährung verurteilt, weil er im Unterricht gesagt hatte
- Auschwitz ist eine Erfindung der Amerikaner. Im Dritten Reich kamen, wenn überhaupt, höchstens 40000 Juden um.
- Die „Grünen" sind alle Verbrecher; bei ihrer Erschießung würde ich gerne mitwirken.

Dieser Lehrer, der im übrigen Beamter bleiben darf, erteilt Latein- und *Ethik*-Unterricht.[4] Bemerkenswert, auf welchem moralischen Niveau man das hierzulande tun kann.

Zurück zur Sache. Außer durch Moral sind interindividuelle

Interessenkonflikte zu lösen durch (1) Gewalt, (2) List und Tücke, (3) Vertrauen, (4) charismatische Weisheit, (5) Gewohnheit und Tradition, (6) Gesetze und (7) durch Diskurs. *Gewalt und List* in ihren vielfältigen Formen können, wie man weiß, sehr probate Mittel zur Lösung interpersonaler, gesellschaftlicher und internationaler Konflikte sein, behaftet allerdings mit kleinen Schönheitsfehlern. Als brachiale oder subtile Methoden der *Durchsetzung von Eigeninteressen* dienen sie allein den Starken und Cleveren, von denen die Frage nach der übersubjektiven Begründbarkeit ihres Handelns zumeist nicht gestellt wird und schon gar nicht beantwortet werden könnte. Aber selbst ihre – temporären – Nutznießer können an Gewalt und List nicht ihre reine Freude haben. Gewalt erzeugt zwar Gefügigkeit, aber auch Gegengewalt, List fremdes und eigenes Mißtrauen. Der Starke muß den Stärkeren fürchten, der Clevere den noch Tückischeren. Selbst aus *pragmatischer* Perspektive sind langfristig betrachtet für den einzelnen wie für die Gesellschaft Gewalt und List sehr unzuverlässige, weil situationsabhängige Mittel der Konfliktlösung; und gar *Gerechtigkeits*vorstellungen werden bei ihrer Nutzung völlig ausgeblendet. *Moral* zielt dagegen auf übersituative Generalisierung und Stabilität des Handelns, enthält die Verpflichtung, es zu rechtfertigen, und berücksichtigt auch oder gerade die Interessen der Schwachen und Arglosen, in einem erweiterten Bezugsrahmen sogar diejenigen künftiger Generationen.

Vertrauen ist eine schöne Sache und möglicherweise sogar ein Ingredienz von Moral, aber für sich betrachtet als Mittel zur interpersonalen Konfliktregelung und sozialen Koordination gleichfalls situationsgebunden und vor allem – aufgrund seiner Gefühlsverhaftung – anfällig für Enttäuschungen. Wem soll und kann ich denn vertrauen? Dem Vertrauens*würdigen*? (Wie erkenne ich den?) Dem, den ich dafür *halte*? Oder auch Hinz und Kunz? Und was geschieht, wenn Hinz mein Vertrauen mißbraucht und Kunz noch dazu und mein Freund obendrein? Werde ich da nicht enttäuscht sein, bitter oder gar zynisch werden und überhaupt keinem mehr vertrauen? *Moralisches* Handeln setzt *nicht* voraus, daß der andere gleichfalls moralisch handelt, sondern verpflichtet mich im Geltungsbereich der moralischen Regeln, der freilich – wie wir noch sehen werden – unterschiedlich groß sein kann, gegen *jedermann*. Moralisches Handeln ist auch – prinzipiell – *nicht enttäuschungsanfäl-*

lig, weil ich, wollte ich mir treu bleiben, gar nicht anders handeln *konnte,* als ich es tat.

Praktikabel bei interindividuellen und gesellschaftlichen Interessenkonflikten ist auch der Gang zum Guru, zum *charismatischen Weisen,* Grand old man, Elder Statesman, Schlichter, Vermittler, ehrlichen Makler, Pfarrer, Psychologen und was der Konfliktlöse-Experten mehr sind. Nichts gegen Weisheit, salomonische Urteile, Sachverstand und gute Ratschläge! Nur haben sie einen Nachteil: Sie entheben nicht selten die Akteure der eigenen Verantwortung, Urteilsbildung und Konfliktlösung. Verantwortungs- und Entscheidungs*delegation* rekurriert auf das familiäre Verhältnis eines hilflosen, abhängigen Kindes zu seinem autoritativen, urteils- und entscheidungskompetenten Vater, von dem eine Lösung des Problems erwartet wird. Die Sozialwissenschaft nennt diesen Komplex *Paternalismus.*[5] *Moralisches* Handeln gründet dagegen in *Selbst*verantwortlichkeit, *eigener* Urteilskompetenz und *aktiver* Konfliktbewältigung.

Viele interpersonale und gesellschaftliche Koordinationsprobleme werden *gewohnheitsmäßig* gelöst, im Sinne einer ehrwürdigen *Tradition:* „*So* haben wir das schon immer gemacht!" Gewohnheitsregeln und traditonelle Verhaltensmuster sind jedoch *inflexibel,* d. h. möglicherweise historisch überholt und situationsunangemessen, und sie sind der *Reflexion* weitgehend *entzogen,* während *moralisches* Urteilen und Handeln ein *hohes Bewußtseinsniveau* beansprucht und für *unkonventionelle,* aber gleichwohl generalisierbare Lösungen offen ist.

Der moderne demokratische Rechtsstaat macht sich anheischig, die Lösung der wichtigsten oder sagen wir ruhig: der meisten Interessenkonflikte und Koordinationsprobleme durch *Gesetze* zu regeln. Wiederum: Nichts gegen Gesetze und schon gar nichts gegen den Rechtsstaat! Gleichwohl fallen einige Wermutstropfen in den Wein purer legalistischer Denkungsart. Zum ersten stimmen selbst die meisten Juristen darin überein, daß in unserem Staat eigentlich schon *viel zu vieles* gesetzlich geregelt ist. Ließe sich dieses Unbehagen nicht gar dahingehend verallgemeinern, daß Gesetze letztlich nur *Hilfsmittel* sind, um die Defizite der Bürger an Einsichtsfähigkeit, moralischem Urteilsvermögen, Verantwortungsbewußtsein und Handlungsdisziplin auszugleichen?

Zum zweiten – und das ist die Kehrseite der Medaille – existieren trotz der fortschreitenden Verrechtlichung[6] unserer Gesellschaft noch zahlreiche *gesetzesfreie* Räume, in denen ein Bedarf an Handlungsregulation besteht. Wo gesetzliche Regelungen enden oder wenn sie nicht durchgreifen, müssen Einsicht, Verantwortungsbewußtsein und moralisches Urteilen und Handeln als Mechanismen sozialer Koordination einspringen. Oder sagen wir besser: *zumindest* dort, *spätestens* dann.

Zum dritten bedürfen nach einmütiger Auffassung der neuzeitlichen Ethik und Rechtsphilosphie Gesetze, das positive Recht, ja der Rechtsstaat und die Verfassung, der *Legitimierung* aus übergeordneten Grundsätzen. Mit Habermas zur reden „wird der Legitimitätsanspruch des demokratischen Rechtsstaates nicht schon dadurch eingelöst, daß Gesetze, Urteile oder Maßnahmen nach den vorgeschriebenen Verfahren zustande kommen, gefällt oder getroffen werden. In Grundsatzfragen genügt Verfahrenslegitimität nicht – die Verfahren selbst und die Rechtsordnung im ganzen müssen aus Prinzipien gerechtfertigt werden können. Die verfassungslegitimierenden Grundsätze müssen wiederum unabhängig davon Anerkennung finden, ob das positive Recht mit ihnen übereinstimmt oder nicht. Wenn beides auseinanderfällt, darf Gehorsam gegenüber den Gesetzen nicht mehr umstandslos gefordert werden."[7]

Damit wird ein Maßstab zweiter Ordnung postuliert – die philosophische Ethik spricht von einem Metakriterium oder einer Metanorm, einem Moralprinzip oder einer Letztbegründung –,[8] ein Maßstab also, an dem sich Verfassung, Rechtsstaat und positives Recht ebenso messen lassen müssen wie die individuell praktizierte Moral. Was *legal* ist, bedarf der *Legitimierung,* der Rechtfertigung durch übergeordnete Prinzipien, um von den Bürgern mit guten Gründen und aus freien Stücken, d.h. aus Einsicht, anerkannt werden zu können. Der Unterschied zwischen Legalität und Legitimität, zwischen Recht und Gerechtigkeit wird deutlich am extremen Beispiel *totalitärer Staaten*. Wenn ein ehemaliger Marinerichter und Ministerpräsident dieses Landes mit Blick auf den NS-Staat sagte: „Was damals Rechtens war, kann heute nicht Unrecht sein", dann berief er sich bestenfalls auf das Legalitätsprinzip und argumentierte formaljuristisch. Auf welchem *moralischen* Niveau er urteilte, wird später erkennbar werden. Im *demokratischen Staat* sind Verfassung, Rechtsordnung und Gesetze zwar allgemein durch moralische Prinzipien begründet, nach Habermas ist aber gleichwohl nicht auszuschließen, „daß auch innerhalb einer im ganzen legitimen Rechtsordnung legales Unrecht im einzelnen fortdauert, ohne korrigiert zu werden."[9] In diesem Fall kann der Rechtsstaat von seinen Bürgern nach der Auffassung von Habermas nicht mehr *absoluten,* sondern nur *qualifizierten* Rechtsgehorsam verlangen. Um seiner eigenen Fortentwicklung willen muß sich der Rechtsstaat mit *zivilem Ungehorsam* aus *moralischen* Gründen konstruktiv auseinandersetzen. Ich komme darauf zurück.

Als Kriterien sittlichen, guten, gerechten, „richtigen" Handelns sind eine an verallgemeinerungsfähigen Prinzipien orientierte Moral und schon gar das Moralprinzip selbst den geltenden Gesetzen also normativ vorgeordnet und theoretisch überlegen, doch sie haben ihnen gegenüber einen *praktischen Nachteil.* Sofern und soweit moralische Prinzipien nicht im positiven Recht festgeschrieben sind, lassen sie sich *nicht durchsetzen,* es sei denn ex negativo, in Form des Märtyrertums. Als Privatperson kann ich zwar moralisch handeln und mich schlimmstenfalls dafür erschlagen lassen, aber ich kann mein moralisches Recht nicht „einklagen" und anderen nur in Ausnahmefällen zu dem ihren verhelfen: „Der Gerechte muß viel leiden" (Ps. 34,20). Wer dagegen *amoralisch* handelt, tut dies in der Regel konsequenzenlos. Allenfalls zieht er sich gelegentlich die Verachtung seiner sozialen Umwelt zu, aber das ist ihm wohl zumeist herzlich gleichgültig.

Läßt sich dieses betrübliche Fazit vielleicht ins Positive wenden, etwa mit der Begründung: Wäre Moral noch Moral, wenn sie durchsetzbar wäre wie das positive Recht? Sollen wir sie also als persönlichen Luxus vor uns hertragen und im Zweifelsfall lieber Unrecht leiden als Unrecht tun? Sollen wir lieber unseren Schuh gürten, wie Brechts Laotse („. . . denn die Güte war im Lande wieder einmal schwächlich / und die Bosheit nahm an Kräften wieder einmal zu:")[10]? Oder sollen wir *doch* versuchen, der Moral öffentlich auf die Beine zu helfen? Es bleibt ja zumindest unbefriedigend, das, was die Ethik von Aristoteles bis Habermas der Menschheit an Sittlichkeit verordnet hat, nur Privatpersonen als Stärkungsmittel für Konfliktsituationen anzubieten und sie nicht selten daran zugrunde gehen zu lassen.

Mit dem genannten hängt ein zweiter möglicher Schwachpunkt der Moral zusammen. *Juristische* Urteilsbildung und Entscheidungsfindung vollziehen sich in einer, wenn auch begrenzten und wechselnden, *Öffentlichkeit;* sie werden kommentiert, begründet, diskutiert und häufig auch revidiert. *Moralische* Urteile und Entscheidungen gelten dagegen weithin als Privatsache, werden ins „stille Kämmerlein" verwiesen und wohl zumeist auch dort getroffen. Mit der *öffentlichen* bzw. der *politischen Moral* ist es ja nicht allzu weit her; artikuliert sie sich einmal, so werden ihre Fragestellungen rasch in Rechtsprobleme umdefiniert oder politischen „Sachzwängen" geopfert (s. Umwelt-, Rüstungs- und Asylantendebatte).

Kant hätte gegen eine *Klausur* in Sachen der Moral nichts einzuwenden gehabt, sie sogar als *notwendig* postuliert. Woraus *speist* sich denn die moralische Urteilskraft? Kant gab die Antwort: Aus dem „moralischen Gesetz in mir". Was heißt das: „in mir"? In meinem *Verstand*. Deshalb forderte der Königsberger: „Habe Mut, dich deines eigenen Verstandes zu bedienen!" Doch wie *gerät* das moralische Gesetz in meinen Verstand? Es gerät nicht, es liegt *a priori* darin, d.h. vor und unabhängig von jeder Erfahrung. Und wie lautet es? „Handle nur nach derjenigen Maxime, durch die du zugleich wollen kannst, daß sie allgemeines Gesetz werde."[11] Dieses Kant'sche Prinzip der Verallgemeinerung, der *kategorische Imperativ,* ist – neben theologischen Moralprinzipien, dem utilitaristischen Moralprinzip britischer Provenienz und dem Gerechtigkeits- oder Fairneß-Prinzip, wie es etwa der Amerikaner John Rawls vertritt – auch heute noch die meistdiskutierte Metanorm sittlichen Handelns.[12] Und was meinte Kant, als er Himmel und Moral in einem Atemzuge nannte? Zweierlei: Der kategorische Imperativ beansprucht – als ewiges Sittengesetz – die gleiche Verbindlichkeit wie die – naturgesetzliche – Himmelsmechanik. Und die Triebfeder pflichtgemäßen Handelns kann nur die Ehrfurcht vor diesem Sittengesetz sein, vergleichbar der Ehrfurcht angesichts kosmischer Ewigkeit. Die „intelligible" oder „moralische Freiheit" des Menschen besteht darin, das als notwendig anzuerkennen, was sittlich und natürlich gar nicht anders gedacht werden kann. Diese „moralische Freiheit" ist die *Freiheit des Individuums;* „die Bedingung der Möglichkeit, sittlich zu handeln, die letzte erfahrungsunabhängige Voraussetzung des sittlichen Subjekts, liegt in der Fähigkeit des Willens, sich nach selbstgesetzten Regeln zu bestimmen".[13] Dazu bedarf es keiner Diskussion und keiner Öffentlichkeit. Das Kant'sche moralische Subjekt existiert wie ein deutscher Professor: in Einsamkeit und Freiheit. Darüber läßt sich reden – und streiten.

Natürlich vermag ich zu akzeptieren, daß es der philosophischen Ethik nicht um die *empirischen,* sondern um die *idealen* Bedingungen moralischen Urteilens und Handelns geht. So betonte mein akademischer Großvater (er war der Lehrer meines Lehrers) und Namensvetter Nicolai Hartmann: „Ethik lehrt nicht direkt, was hier und jetzt geschehen soll in gegebener Sachlage, sondern allgemein, wie dasjenige beschaffen ist, was überhaupt geschehen soll."[14] Als Psychologe und Sozialwissenschaftler interessiere ich mich aber *auch* für die empirischen Bedingungen, unter denen ein wie immer geartetes moralisches Urteilen und Handeln zustande kommt. Die wenigsten von uns sind so klug wie Kant, und ob dieser so willensstark wie klug war, läßt sich bezweifeln. Darf ich mir der Schärfe meines Verstandes, meiner moralischen Urteilsfähigkeit, Handlungsbereitschaft und Willenskraft wirklich so sicher sein, daß ich auf argumentativen Austausch mit anderen und auf soziale Unterstützung völlig verzichten kann? Ist es nicht eine Verschwendung intellektueller und moralischer Ressourcen, wenn Menschen, die tatsächlich moralisch urteilen und handeln, ihre Einsichten und Entscheidungen für sich behalten, statt sie öffentlich zu machen und zu begründen? Und können wir es uns wirklich leisten, die Moral Privatpersonen aufzubürden, anstatt ihr öffentlich zum Durchbruch zu verhelfen?

Entsprechende Überlegungen führten Jürgen Habermas zur Formulierung einer *kommunikativen* bzw. *universalen Sprach-Ethik,* die für *Gesellschaften,* nicht für Privatpersonen gilt und deren zentrale Bestimmungsstücke – in aller Verkürzung – *so* lauten:[15] Kants Postulat der „moralischen Freiheit" des Individuums muß ergänzt werden durch das Postulat der „politischen Freiheit" des sozialen Verbandes, wenn Moral nicht in Nischen und auf Spielwiesen abgedrängt, sondern *gesellschaftlich* wirksam werden soll. Mit „politischer Freiheit" meint Habermas eine zunehmende Erhöhung von Dialogchancen bis hin zur (Selbst-)Verpflichtung aller von einem Problem Betroffenen auf *herrschaftsfreie Kommunikation.* Die Teilnehmer sind nicht geltenden Regelsystemen oder einem apriorischen Sittengesetz unterworfen, sondern sie müssen moralische Prinzipien in einem *rationalen Diskurs* herstellen. Der erzielte *Konsens,* d. h. „die streng allgemeine, die universale Zustimmung in einem Diskurs",[16] gilt der kommunikativen Ethik als Moralprinzip, als Metamaßstab, vergleichbar dem kategorischen Imperativ der formalistischen Ethik Kants. In der Tat folgen beide Ethiken dem Prinzip der Verallgemeinerung. Das gilt auch für die im Rahmen der konstruktivistischen Ethik entwickelten Modelle transsubjektiver Beratung (etwa Paul Lorenzen und Otto Schwemmer) und für Karl-Otto Apels Modell einer idealen Kommunikationsgemeinschaft.[17]

Natürlich ist, wie an allen ethischen Entwürfen (einschließlich dem Kants), auch an den kommunikations-, diskurs- bzw. konsenstheoretischen Ansätzen zur Begründung der Moral herbe Kritik geübt worden. Wollte man die Einigung in einem *realen* Kommunikationsprozeß zum Moralprinzip erheben, so sprechen dagegen mindestens sechs Argumente:[18] (1) Reale Kommunikation führt „weder notwendig noch bloß faktisch, weder immer noch auch nur meistens zu einem Konsens"; sie steht (2) unter Zeitdruck und Entscheidungszwang, und es können (3) nicht alle Betroffenen in sie einbezogen werden. (4) Vermögen sich die Beteiligten aufgrund ihrer unterschiedlichen außermoralischen Kompetenzen und Fähigkeiten unterschiedlich gut zur Geltung zu bringen; ein Konsens kommt häufig durch einen „Diskussionsdarwinismus" zustande. In einer realen Kommunikation wirken (5) zahlreiche verzerrende Faktoren wie Selbsttäuschungen, emotionale Barrieren und ideologische Befangenheiten, und es gehen (6) Elemente in sie ein, die einer Moralbegründung geradezu widersprechen: Täuschung, Lüge, Drohungen. Ein *realer* Kommunikations- und Einigungsprozeß ist mithin ein ungeeignetes Mittel zur Normenbegründung.

Aus diesem Grunde beziehen sich die ernst zu nehmenden Vertreter einer kommunikativen Ethik wie Apel und Habermas auch nicht auf *reale* Kommunikationen, sondern gehen von einem Modell *idealer* Kommunikation aus: „Nicht jedes beliebige Miteinandersprechen, nicht jede naturwüchsige Übereinstimmung gilt als höchstes Kriterium normativer Grundsätze, sondern allein eine Kommunikation (ein Konsens), die unter idealen Bedingungen stattfindet."[19] Doch abgesehen davon, daß eine „ideale Kommunikationsgemeinschaft" (Apel), die alle Mängel realer Kommunikation zu vermeiden vermag, ebenso selten sein dürfte, wie Kants Subjekt, das einsam in „moralischer Freiheit" urteilt und handelt, wird den Theorien idealer Kommunikation vorgeworfen, sie seien in einem Begründungs-*zirkel* befangen: „Denn mindestens ein Teil jener normativen Grundsätze, die auf ihre Gültigkeit allererst geprüft werden sollen, werden schon als gültig vorausgesetzt"[20], und zwar diejenigen, die den Vorbedingungen und Strukturmerkmalen des idealen Diskurses entsprechen – etwa die Teilnahme aller Betroffenen, deren kommunikatives Interesse, ihre Chancengleichheit im Verfahren und dessen Herrschaftsfreiheit. Trotz der philosophisch-wissenschaftstheoretischen Kritik am Anspruch der kommunikativen Ethik, das höchste Moralprinzip begründen zu können, ist aber wohl ihr anderes Grundanliegen, moralisches Handeln durch (Selbst-)Verpflichtung zum *öffentlichen Diskurs gesellschaftlich* zu institutionalisieren, der sittlichen Idee zumindest nicht abträglich. Und *reale* Kommunikation in ethischen Fragen führt trotz aller Unzulänglichkeiten immerhin zu einer Explikation kontroverser Standpunkte.

Philosophisch mag die Frage nach der Letztbegründung moralischen Handelns vordringlich sein oder gar ausschließlich interessieren. Als Sozialwissenschaftler und Psychologe möchte ich mich im folgenden aber doch der Frage nach den *empirischen* Bedingungen moralischen Urteilens und Handelns zuwenden. Sie stellte wohl als einer der ersten der französische Soziologe Emile Durkheim (1858–1917). Für ihn fiel die Moral weder vom Himmel, noch lag sie a priori im Verstand oder im Gefühl (wie für Nicolai Hartmann), sondern allenfalls in der *Luft* – als *soziales* Phänomen, als historisch-gesellschaftliche *Verlaufsgestalt*. Durkheim traf eine idealtypische Unterscheidung und Zuordnung zweier Gesellschafts- und Moralsysteme. *Traditionale* Gesellschaften entwickeln eine *mechanische Solidarität,* die auf einem nahezu perfekten Sozialisationszirkel kultureller Überlieferung beruht. In *industriellen* Gesellschaften, dem zweiten Typus, zerfällt die relative Einheitlichkeit des traditionalen Sozialverbandes und mit ihr das Ethos der mechanischen Solidarität. Die zunehmenden Konflikte, die sich in industriellen Gesellschaften aus der Vielfalt widerstreitender Interessen, Anforderungen, Intentionen und Verhaltenserwartungen ergeben, kann der einzelne nur durch eine Integration unterschiedlicher Wertorientierungen und Handlungsentwürfe bewältigen. Die je individuelle Synthese nennt Durkheim *organische Solidarität.*[21]

Das war eine starke Behauptung. Die Stimme der praktischen Vernunft – mechanisch befolgt oder organisch integriert – sollte also nichts anderes sein als der Ausdruck eines gesellschaftlichen Regelsystems, entstanden aus den Zwängen menschlichen

Zusammenlebens, angepaßt an – und entsprechend auch veränderbar durch – sich wandelnde soziale Verhältnisse? Und die vergesellschafteten moralischen Subjekte sollten also nichts anderes gemacht haben als aus der Not eine Tugend?

Durkheim hat (sich) einiges geleistet. Auf den Spuren seines positivistischen Landsmanns Auguste Comte (1798–1857) holte er die Moral vom (theologischen) Himmel und vom Glasberg der Metaphysik und stellte sie auf gesellschaftliche Füße. Statt von einem „ewigen Sittengesetz" sprach er – höchst unfeierlich und ganz pragmatisch – von je geltenden sozialen Regelsystemen und Formen der Solidarität, deren *gesellschaftlichen* Entstehungs-, Begründungs- und Verwertungszusammenhang er ebenso betonte wie ihre historische Verlaufsgestalt und die Parallelität von gesamtgesellschaftlicher und individueller Bewußtseinsentwicklung. Und er formulierte eine theoriegeleitete und gesellschaftsbezogene Moralpädagogik als energische Intervention, deren Exerzierplatz und Paradefeld die Schule ist.[22]

Gleichwohl zog sich Durkheim nicht nur die Mißachtung der philosophischen Ethik, sondern auch Kritik aus dem eigenen Lager zu. Allzu simpel sei sein idealtypisch-dichotomer Ansatz, undifferenziert-deterministisch seine Geschichtsauffassung, mechanistisch-reduktionistisch seine Annahme einer bloßen Isomorphie von gesellschaftlicher Ethik und individueller Moralität. Er habe eher ein Modell der Internalisierung sozialer Normen entworfen als ein Modell der Entwicklung autonomer Moral. Seiner Moral*pädagogik* wurde vorgeworfen, sie sei doktrinär-indoktrinierend und in Theorie und Praxis eine Vorwegnahme totalitärer Kollektiverziehung.[23]

Einer seiner Kritiker, der francohelvetische Psychologe *Jean Piaget* (1896–1980) nahm Durkheim immerhin so ernst, daß er die Mühe nicht scheute, dessen Ansatz von den (gesellschaftlichen) Füßen auf den (psychischen) Kopf zu stellen. Piaget schätzte zwar Durkheims „starken positiven Geist", doch er mochte ihm nicht abnehmen, daß die individuelle Entwicklung des moralischen Bewußtseins nur ein Epiphänomen der *gesellschaftlichen* Entwicklung und das moralische Subjekt ein *passiver* Organismus sein sollte, der durch seine soziale Umwelt nur „geprägt" werde oder gar indoktriniert werden müsse. In seinem Buch „Das moralische Urteil beim Kinde" (1932)[24] ersetzte Piaget Durkheims normativ-gesellschaftliches durch ein *strukturgenetisches* Modell und begriff moralische Sozialisation als einen durch hohe Spontanaktivität gekennzeichneten Prozeß des Zusammenwirkens von individueller kognitiver Entwicklung und sozialkommunikativer Erfahrung. Aufgrund umfangreicher empirischer Analysen fortschreitenden kindlichen Regelverständnisses beim Spielen unterschied Piaget zwei Stufen des moralischen Urteils: die Stufe des obligatorischen Konformismus oder der heteronom-*autoritätsorientierten* Moral, die – nach einem Zwischenstadium der beginnenden sozialen Kooperation mit Gleichaltrigen – durch die Stufe der rational begründeten moralischen *Autonomie* ersetzt wird. Von Moral*erziehung* hielt Piaget nichts. Nach seiner Auffassung sind – neben der kognitiven Entwicklung – das *Vertrauen* von Kindern in Autoritäten, eine differenzierte soziale Umwelt und die individuelle Erfahrung von Gleichheit und Reziprozität die notwendigen und hinreichenden Bedingungen für die Entwicklung moralischer Autonomie. Diese *Voraussetzungen* zu schaffen ist Aufgabe der Erzieher – und nichts weiter.

Wie Piaget an Durkheim, so knüpfte der amerikanische Psychologe Lawrence Kohlberg (1927–1987) an Piaget an. Er machte die Erforschung des moralischen Urteilens und die Moralpädagogik seit 30 Jahren zu seinem Lebenswerk, das zu den stimulierendsten und zugleich am meisten kritisierten der modernen Psychologie gehört. Von Piaget übernahm Kohlberg den Ansatz einer kognitiven *Entwicklungs*theorie des moralischen Urteilens, die Struktur-Inhalts-Differenzierung, d.h. die Annahme, grundsätzlich liege die Urteilen je eigentümliche Moralität in der formalen *Begründung,* nicht in der materialen *Substanz,* das *qualitative Interview* als Forschungsmethode und das *Stufenmodell,* das er – wie es das „Schicksal" aller Stufen- und Phasenlehren ist – zunehmend erweiterte. Für dieses Modell nimmt Kohlberg eine Entwicklungs*logik* in Anspruch, die auf folgenden Theoremen basiert:[25]

1. Die Entwicklung vom vor-moralischen Triebbündel des Kleinkinds bis zum moralisch autonomen Erwachsenen vollzieht sich *stufenweise.*
2. Die einzelnen Stufen sind klar *abgrenzbar* und entsprechen *qualitativ* unterschiedlichen Denk- und Urteilsstrukturen.
3. Jede Stufe ist ein *strukturiertes Ganzes* im Sinne einer grundlegenden Organisation des Denkens und Urteilens.
4. Die Stufen bilden eine *Hierarchie,* indem die kognitiven Strukturen der jeweils höheren Stufe die der niedrigeren (im

Hegel'schen Doppelsinn des Wortes) ,,aufheben", d.h. zugleich ersetzen und auf einem komplexeren Niveau reintegrieren.
5. Die Stufen bilden eine *invariante,* (inter-)kulturell *universale Sequenz.* In individuellen Entwicklungsverläufen sind Stufen nicht vertauschbar, können nicht übersprungen werden (wie Schulklassen), und es gibt auch keine Rückschritte. Soziokulturelle Faktoren können die moralische Entwicklung zwar fördern, hemmen oder zum Stillstand bringen, aber die Stufenfolge nicht modifizieren.

Die strukturelle *(Höher-)*Entwicklung des moralischen Urteilens verläuft nach Kohlbergs Auffassung *parallel* (und stufenweise zeitversetzt) zur Entwicklung *kognitiver* Strukturen, also der *Intelligenz,*[26] und der Übernahme differenzierterer *sozialer Perspektiven (Rollen)*[27]; beide Entwicklungsprozesse gelten als *notwendige* Bedingungen für die Entwicklung des moralischen Urteilens (s. Tabelle 1).[28] Kohlbergs *Kernmodell* enthält sechs Stufen[29] – zu denen später noch eine Übergangsstufe kam – auf drei Ebenen. Nach der vor-moralischen Phase der Kleinkindheit, in der die Devise gilt: ,,Erlaubt ist, was mir paßt", beginnt im dritten Lebensjahr die *moralische* Entwicklung.

Präkonventionelle Ebene

Stufe 1: Gehorsamsorientierung. Maxime: Erlaubt ist, was mir *nicht schadet.* Regeln werden durch (elterliche) *Macht* durchgesetzt, die kindliche ,,Moral" besteht im *Gehorsam.*
Stufe 2: Instrumenteller Hedonismus. Maxime: Erlaubt ist, was *mir nützt* und anderen nicht unbedingt schadet. Zwischenmenschliche Beziehungen folgen der Devise ,,Wie du mir, so ich dir". Streben nach individueller *Nutzenmaximierung.*

Konventionelle Ebene

Stufe 3: Gruppenkonformität. Maxime: Erlaubt ist, was mir das *Wohlwollen* und den *Dank* derer einträgt, auf die ich Wert lege. Überwindung des präkonventionellen Egoismus, Entwicklung von Solidarität.
Stufe 4: Orientierung an der geltenden Rechts- und Gesellschaftsordnung. Maxime: Erlaubt ist, was von einem *guten Staatsbürger* erwartet wird. Herrschende Ordnungen werden nicht in Frage gestellt oder gar als veränderbar betrachtet.

Tabelle 1: Rekonstruktion der Entwicklung des moralischen Urteilens

Vorausgesetzte kognitive Struktur	Ebene des moralischen Urteilens	Stufe des moralischen Urteilens	Vorausgesetzte soziale Perspektive	Geltungsbereich der Regeln	Eine Handlung(s-regel) ist richtig, wenn sie ...	Gerechtigkeits-vorstellung	Idee des guten Lebens	Philosophische Rekonstruktion
symbolisch-vorbegrifflich	vormoralisch	(0) vormoralisch	egozentrisch	natürliche und soziale Umwelt	durchsetzt, „was mir paßt".	–	(absolute) Lust-maximierung	–
konkret-operational 1	präkonven-tionell	(1) Gehorsams-orientierung	subjektiv		keine negativen Folgen für den Handelnden hat.	Befehl/Gehor-sam komple-mentär	dito durch Gehorsam	–
konkret-operational 2		(2) instrumen-teller Hedo-nismus	selbstreflexiv		dem „Wie du mir, so ich dir" folgt.	Symmetrie der Entschädi-gungen	dito durch Äquivalenten-tausch	naiver Hedo-nismus
formal-operational 1	konventionell	(3) Gruppen-konformität	reziprok	Gruppe der primären Be-zugspersonen	von der unmittel-baren sozialen Umwelt gebilligt wird.	Rollenkonfor-mität	konkrete Sittl-ichk. primärer Gruppen	Tugendethik
formal-operational 2		(4) Orientie-rung an Recht und Ordnung	konventio-nalistisch	Angehörige des politischen Verbandes	im Einklang mit Recht und Ord-nung steht.	Konformität mit bestehen-dem Normen-system	konkrete Sittl-ichk. sekun-därer Gruppen	konkretes Ordnungs-denken
formal-operational 3	transitorisch	(4 ½) Orient. an kollektiver Nützlichkeit	relativistisch		für das Wohler-gehen aller Be-troffenen optimal ist.	„Höchstes Glück der größten Zahl"	Nutzenmaxi-mierung des polit. Ver-bandes	Sozialeudämo-nismus, Utilita-rismus
Piaget (1947)	Kohlberg (ohne 7)		Selman (1971)	Habermas (1976)	Haubl u. a. (1985)	Habermas (1983)	Habermas (1976)	Habermas (1976)

Fortsetzung siehe nächste Seite

Fortsetzung Tabelle 1

Vorausgesetzte kognitive Struktur	Ebene des moralischen Urteilens	Stufe des moralischen Urteilens	Vorausgesetzte soziale Perspektive	Geltungsbereich der Regeln	Eine Handlung(sregel) ist richtig, wenn sie ...	Gerechtigkeitsvorstellung	Idee des guten Lebens	Philosophische Rekonstruktion
formal-operational 3 (Fortsetzung)	postkonventionell	(5) Orientierung an sozialen Abmachungen	transkonventionalistisch	alle Rechtsgenossen	demokratisch legitimierten Mehrheitsentscheidungen entspricht.	Orientierung an Gerechtigkeitsprinzipien	staatsbürgerl. Freiheiten, öff. Wohlfahrt	rationales Naturrecht
		(6) Orientierung an universalen Prinzipien		alle Menschen als Privatpersonen	Grundwerte wie Gerechtigkeit, Freiheit und Menschenwürde berücksichtigt.	Orientierung an Verfahren der Normenbegründung	moralische Freiheit	formalistische Ethik (Kant)
		(7) ideale Kommunikation (Konsens)		alle Mitglieder einer fiktiven Weltgesellschaft	universale Zustimmung in einem (idealen) praktischen Diskurs findet.		moralische und politische Freiheit	universale Sprachethik (Habermas)
Piaget (1947)	Kohlberg (ohne 7)		Selman (1971)	Habermas (1976)	Haubl u.a. (1985)	Habermas (1983)	Habermas (1976)	Habermas (1976)

Übergangsstufe zur postkonventionellen Ebene

Stufe 4 1/2: Orientierung an *kollektiver Nützlichkeit*. Maxime: Erlaubt ist, was dem allgemeinen Streben nach Glück dient („Höchstes Glück der größten Zahl").

Postkonventionelle Ebene

Stufe 5: Orientierung an sozialen Übereinkünften. Maxime: Geboten ist, sich an demokratisch legitimierte gesellschaftliche Abmachungen zu halten, die der allgemeinen *Wohlfahrt* dienen und zugleich individuelle *Rechte* wahren. Nach Kohlberg entspricht diese Stufe der offiziellen Moral der amerikanischen Verfassung.
Stufe 6: Orientierung an universalen Prinzipien. Maxime: Geboten ist, sich für *Freiheit, Gleichheit* und *Gerechtigkeit* einzusetzen und den Respekt vor der Würde des Menschen als individueller Person zu wahren. Das an solchen Prinzipien orientierte Gewissen steht über den geltenden Gesetzen. Nach Kohlberg entspricht diese Stufe Kants kategorischem Imperativ.

Die deutschen Psychologen Eckensberger & Reinshagen haben es unternommen, Kohlbergs Stufenmodell *handlungs*theoretisch als Spiral- bzw. Wendeltreppenmodell zu rekonstruieren. Danach sind jeweils die Stufen 1 und 4 (teleologische Position), 2 und 4 1/2 (pluralistische Position), sowie 3 und 5 (deontologische Position) *strukturell* identisch; die höheren Stufen erweitern jeweils die *konkret-personale* Perspektive der niedrigeren zur *abstrakt-gesellschaftlichen*. Mit der (deontologischen) Stufe 6 beginnt ansatzweise ein neuer Zyklus.[30]

Döbert & Nunner-Winkler und Habermas haben versucht[31], das Stufenmodell *sozialisations*theoretisch zu reformulieren. Von der präkonventionellen über die konventionelle zur postkonventionellen Ebene entwickelt sich das *moralische Subjekt* vom Triebbündel über den Rollenträger zur individuierten Person. Die *Kriterien* für die Bewertung von Handlungen verschieben sich von externen Konsequenzen (Erfolgsethik) über rollengebundene Intentionen (Gesinnungsethik) zur Berücksichtigung beider (Verantwortungsethik). Die *Regeln,* die dabei zu beachten sind, werden zunehmend abstrakter. *Durchgesetzt* werden sie zunächst durch (elterliche) Gewalt (1) und (eigene)

Tüchtigkeit (2), dann durch Gruppengeist (3), autoritären Legalismus (4) und rationale Herrschaft (5). Auf Stufe 6 folgt das Subjekt in moralischer Freiheit selbstgewählten Prinzipien. Der *Geltungsmodus* der Regeln bezieht sich zunächst auf eine natürliche, dann auf eine traditionelle, schließlich auf eine gesatzte Ordnung; ihr Geltungs*bereich* wird erweitert von konkreten Personen und Situationen über Bezugsgruppen und spezifische Lebensbereiche auf alle Menschen und das Leben schlechthin. Bei *Regelverstößen* empfindet der Aktor ursprünglich Angst, später Scham und endlich Schuld. Die *Funktion von Sanktionen* wandelt sich von der Vergeltung (Wiederherstellung der natürlichen Ordnung) über die Sühne (retributive Gerechtigkeit) zur Wiedergutmachung und Resozialisierung (restitutive Gerechtigkeit) (s. auch Tabelle 1).

Wenn man's so hört, „möcht's leidlich scheinen"; vielleicht könnte sich sogar Kant mit Kohlberg versöhnen: führen doch die Stufen der Moralentwicklung „logisch" zum kategorischen Imperativ. Und in der Tat existiert in der gesamten westlichen Welt eine mitgliederstarke Kohlberg-Gemeinde, die auf die Lehre des Meisters schwört und seine Moralpädagogik, auf die ich noch eingehen werde, umzusetzen versucht. Wenn ich Ihnen sage, daß inzwischen wohl an die 1000 wissenschaftliche Arbeiten *über* Kohlberg erschienen sind, daß in der Bundesrepublik die Herausgabe seiner „Gesammelten Schriften" in fünf voluminösen Bänden vorbereitet wird, daß sich unterschiedliche Rezipienten wie Jürgen Habermas, das Sozialwissenschaftliche Institut der Bundeswehr, der Kultusminister von NRW Hans Schwier[32] und zahlreiche Hochschullehrer, Pädagogen und Religionslehrer intensiv mit seinem Werk befassen, dann mögen Sie ermessen, wie breit Kohlbergs Interessentenkreis ist. Daneben mehren sich die Stimmen, die aus ganz unterschiedlichen Positionen und mit verschiedenen Argumenten an Kohlberg massive Kritik üben.

Bevor ich darauf eingehe, möchte ich Ihre Neugierde aber noch in anderer Hinsicht befriedigen. Wie verteilt sich denn die moralische Urteilskraft der Bürger *empirisch-statistisch?* Kohlberg und seine Mitarbeiter ermittelten bei einer Stichprobe amerikanischer Adoleszenten und Erwachsenen im Alter zwischen 16 und 50 Jahren folgende Verteilung: 23% der Befragten urteilten auf der präkonventionellen, 54% auf der konventionellen und 23% auf der postkonventionellen Ebene.[33]

Dieses Ergebnis konnte in anderen Erhebungen annähernd bestätigt werden und wurde auch in der Bundesrepublik tendenziell repliziert;[34] hierzulande scheint immerhin die Bevorzugung präkonventioneller Urteile geringer, die konventioneller Urteile stärker ausgeprägt zu sein als in den USA. Wir haben es also in beiden Gesellschaften mit einer Diskrepanz zwischen Idealnorm und tendenzieller Gauß'scher Normalverteilung des moralischen Urteilens zu tun, was bei einer Berücksichtigung der einzelnen *Stufen* noch deutlicher wird. Aber vielleicht kann man ja schon ganz zufrieden damit sein, daß die Mehrheit der Bevölkerung immerhin die Solidaritätsmoral der Stufe 3 *oder* die Law-and-order-Moral der Stufe 4 zu bevorzugen scheint.

Nun aber zur Kohlberg*kritik*. Die Phalanx seiner Widersacher läßt sich in ganz verschiedene Stoßtrupps einteilen: In Wissenschaftstheoretiker, Feministinnen, Christen, politisch Rechts- und politisch Linksorientierte. Die *Wissenschaftstheoretiker* werfen Kohlberg methodologischen *Eklektizismus* und eine *unklare Position* vor. Alles, was Rang und Namen hat – sei es Kant, Max Weber, Pierce, Rawls, Lakatos oder Habermas –, werde vereinnahmt, ohne Rücksicht auf die Unvereinbarkeit dieser Positionen. So lande Kohlberg immer wieder bei einem typisch amerikanischen Pragmatismus, veredelt durch einen Schuß Kant'schen Idealismus und Frankfurter Schule. Der gleiche Vorwurf des Eklektizismus richtet sich gegen Kohlbergs *Methodik,* angesiedelt zwischen einer empirisch-statistischen und einer hermeneutischen Vorgehensweise.

Was das *Stufenmodell* angeht, so war Kohlberg im Laufe der Jahre gezwungen, immer mehr Unter-, Zwischen- und Tendenzstufen „einzuziehen", um Probanden „eindeutig" klassifizieren zu können. Damit wurde aber, so argumentieren die Kritiker, das scheinbar so einfache und plausible Stufenmodell zugunsten einer *kontinuierlichen* Entwicklung des moralischen Urteilens ad absurdum geführt.[35]

Die vorgebrachte wissenschaftstheoretische Kritik ist nicht unberechtigt. Kohlberg hat sich in seiner Begeisterung, er „könnte was lehren, die Menschen zu bessern und zu bekehren"[36], zu weit vorgewagt und viel zu dezidierte Behauptungen aufgestellt. Gleichwohl halte ich auch die methodologische Kritik für überzogen. Das Problem der Vereinbarkeit bzw. Unvereinbarkeit unterschiedlicher ethischer Positionen ist noch viel zuwenig diskutiert und das letzte Wort über den Eklektizismus in diesem Bereich auch noch nicht gesprochen worden.

Die von Kohlberg definierten Hauptstufen dürften als idealtypische *Grundformen* moralischer Argumentationsstrukturen immerhin einen heuristischen Wert besitzen. Und es gibt zahlreiche empirische Anhaltspunkte dafür, daß ihre Abfolge eine zumindest partiell gültige *Tendenz* der Entwicklung des moralischen Urteilens spiegelt. Doch selbst dann, wenn man wissenschaftstheoretische Skepsis einmal beiseite läßt, bietet Kohlbergs Theoriengebäude seinen Belagerern noch vielfache Angriffspunkte.

Politisch *rechtsorientierte* Kritiker, die auf die Law-and-order-Moral der Stufe 4 fixiert sind, sehen in dieser Theorie eine gefährliche Anstiftung zur *Systemüberwindung*. Bereits die gesellschaftliche Vertragsorientierung der Stufe 5 ist ihnen höchst verdächtig, und eine Gewissensorientierung an universalen Prinzipien wie Gleichheit, Gerechtigkeit und Menschenwürde (Stufe 6), die im Konfliktfall der Staatsautorität und geltenden Gesetzen die umstandslose Gefolgschaft verweigert, gilt ihnen geradezu als hochverräterisch.

Da unsere Verfassung mindestens auf Grundsätzen beruht, die der Kohlbergschen Moralstufe 5 entsprechen, und der vielbeschworene ,,mündige Bürger" erst auf dieser Stufe anzutreffen ist, erübrigt es sich wohl, deren Maximen im vorliegenden Zusammenhang zu verteidigen. Wie aber steht es mit der Gewissensmoral der Stufe 6? Die steht in der Tat – nach Kohlberg – *über* den geltenden Gesetzen und der Autorität des Staates. Wozu könnte eine solche Prinzipienorientierung notfalls verpflichten? Zum zivilen Ungehorsam im Rechtsstaat, zum gewaltförmigen Widerstand gegen einen Unrechtsstaat oder gar zum Tyrannenmord?

Kohlberg sieht jedenfalls die Verpflichtung zum *zivilen Ungehorsam*[37] und kann sich dabei auf die ,,Theorie der Gerechtigkeit" des Harvard-Philosophen John Rawls berufen.[38] ,,Das Problem des zivilen Ungehorsams", wie Rawls es auffaßt, ,,entsteht nur in einem mehr oder weniger gerechten demokratischen Staat für die Bürger, die die Verfassung anerkennen, ‹und› ... besteht in einem Pflichtenkonflikt."[39] Rawls definiert zivilen Ungehorsam als eine ,,öffentliche, gewaltlose, gewissensbestimmte, aber politisch gesetzwidrige Handlung, die gewöhnlich eine Änderung der Gesetze oder der Regierungspolitik herbeiführen soll. Mit solchen Handlungen wendet man sich an den Gerechtigkeitssinn der Mehrheit der Gesellschaft und erklärt, nach eigener wohlüberlegter Ansicht seien die Grundsätze der gesellschaftlichen Zusammenarbeit zwischen freien und gleichen Menschen nicht beachtet worden."[40] Ein gerechtfertigter ziviler Ungehorsam beruht nach Rawls zudem auf weiteren Voraussetzungen: Erfolglosigkeit aller anderen Appelle an die politische Mehrheit; symbolischer Charakter und öffentliche Verständlichkeit des Protests; Bereitschaft, dessen gesetzliche Folgen in Kauf zu nehmen, um dadurch prinzipielle Gesetzes*treue* auszudrücken.[41] Als ,,Appell an eine gemeinsame Gerechtigkeitsvorstellung"[42] ist der zivile Ungehorsam nach Rawls ,,ein Prüfstein für jede Theorie der moralischen Grundlage der Demokratie".[43]

Dieser Auffassung schließt sich auch Habermas an, der das Problem des zivilen Ungehorsams im Hinblick auf die Aktionen der Friedensbewegung in der Bundesrepublik detailliert untersucht hat. Seine Schlußfolgerungen lauten: ,,Weil dieser Staat in letzter Instanz darauf verzichtet, von seinen Bürgern Gehorsam aus anderen Gründen als dem einer für alle einsichtigen Legitimität der Rechtsordnung zu verlangen, gehört ziviler Ungehorsam zu dem unverzichtbaren Bestand einer reifen politischen Kultur",[44] und: ,,Deshalb muß die Strafjustiz diesen Typus des Ungehorsams als Ungesetzlichkeit registrieren und gegebenenfalls verfolgen; sie darf ihn aber nicht als eines der üblichen Delikte bewerten. Der demokratische Rechtsstaat würde mit sich selbst nicht identisch bleiben, wenn er nicht erkennen ließe, daß er im Regelverletzer einen potentiellen Hüter seiner Legitimität achtet – auch wenn es sich im historischen Urteil herausstellen mag, daß die, die heute ungesetzlich handeln, morgen im Unrecht bleiben."[45] Daß politisch rechtsorientierte Kreise dem Staatsbürger das Recht auf und schon gar die Pflicht zum zivilen Ungehorsam energisch bestreiten, führt Habermas auf das verdrängte deutsche Trauma aus der Zeit der nationalsozialistischen Gewaltherrschaft zurück.[46]

Teile der *politischen Linken* werfen Kohlbergs Theorie genau das Gegenteil moralischen Hochverrats vor: sie sei bereits im Ansatz *affirmativ-systemstabilisierend*. Diese Kritik kann sich sogar auf *empirische* Befunde stützen. Aufgrund der Daten von Kohlbergs Längsschnittstudie haben US-Amerikaner *ohne* College-Abschluß, unabhängig von der sozialen Schichtzugehörigkeit, nur eine Chance von 10%, wenigstens die Law-and-order-Moralität der Stufe 4 zu erreichen. *Mit* College-Abschluß wächst die Chance für Aufsteiger aus der Arbeiterschicht auf 50%, für Angehörige der Mittelschicht auf 90%.[47] Wer die Urteilsstufe 5 erklettert, ist – von wenigen Ausnahmen abgesehen – Akademiker, und in 30 Forschungsjahren entdeckte Kohlberg in seinen Stichproben nur eine einzige Person, eine junge Frau, die auf Stufe 6 argumentieren konnte. Sie hatte soeben einen Philosophiekurs absolviert, in dem auch Kants ethische Schriften behandelt worden waren.[48]

Die Entwicklung des moralischen Urteilens ist also selbst in dem Lande, in dem Kohlberg seine Theorie formulierte – und das gilt für die anderen westlichen Industrienationen ebenso – *ausbildungs-* und *schichtabhängig,* wie die meisten anderen Kompetenzen auch. Die postkonventionelle Moralität des „mündigen Bürgers" (Stufe 5) ist für Intellektuelle und bessere Kreise reserviert (ob sie davon Gebrauch machen, steht auf einem anderen Blatt), die Majorität des Volkes besteht aus braven Staatsbürgern (Stufe 4) und Heimchen am Herde (Stufe 3), den Rest bilden Kinder, einfache Gemüter und Kriminelle mit einer präkonventionellen Moralität (Stufen 1 und 2), und über allen schwebt der kategorische Imperativ (Stufe 6) als philosophische Konstruktion und erhabene Idee, die aber empirisch nicht in Erscheinung tritt.

Eine solche Konzeption der moralischen Entwicklung – so argumentieren politisch linksorientierte Kohlbergkritiker – sei typisch bürgerlich-idealistisch und wirke, durch wissenschaftliche Untermauerung bestehender gesellschaftlicher Verhältnisse, system*stabilisierend*. Auch die Moralpädagogik, anhand derer Kohlberg praktisch versuchte, das individuelle moralische Urteilsvermögen „stufenweise" zu fördern, ändere an dieser Einschätzung nichts. Sein *pädagogischer Ansatz* beruht auf drei Prinzipien:[49]

1. Ermittlung der jeweils erreichten Urteilsstufe und Zusammenfassung von Personen gleicher Kompetenz zu Kleingruppen;
2. Konfrontation der Gruppen mit moralischen Dilemmata und deren Diskussion auf der gruppenspezifischen Urteilsstufe;
3. Stimulierung der Entwicklungstendenz durch Konfrontation der Gruppe mit moralischen Argumenten der jeweils nächsthöheren Urteilsstufe.

Aussicht auf Erfolg hat diese Moralpädagogik, wie Kohlberg selbst betont, jedoch nur in einer „gerechten Gemeinschaft", d.h. in einer Institution, die sich durch Fairneß, Gleichheit, Gerechtigkeit und strikt demokratische Verhältnisse auszeichnet (man assoziiert nicht zu Unrecht Habermas' „herrschaftsfreien Diskurs"). Kohlberg erprobte seine Moraltrainingsprogramme in einer von ihm initiierten „gerechten Schulkooperative"[50] an der Harvard-University und auf einer liberalen Gefängnisfarm[51] und machte dabei so zwiespältige Erfahrungen, daß er zeitweilig seine ganze Theorie und Förderungsstrategie in Frage stellte.[52] Gleichwohl arbeitet z.B. der katholische Pädagoge und Religionspädagoge Fritz Oser[53] von der Universität Fribourg/Schweiz seit Jahren mit Schülern und Lehrlingen nach Kohlbergs Methode, und der Kultusminister von NRW Hans Schwier hat in diesem Jahr ein flächendeckendes „Projekt zur Förderung der Verbindung von Erziehung und Demokratie" in den Schulen seines Landes in Gang gesetzt, das gleichfalls auf Kohlbergs Ansatz basiert.[54] Ihre Erfolgsaussichten sind leider gering. Wo gibt es schon „gerechte Gemeinschaften"? Sicher nicht in Schulen, Betrieben oder gar in Gefängnissen.

Schwier blüht möglicherweise ohnehin ein ähnliches Schicksal wie seinem früheren Amtskollegen Ludwig von Friedeburg mit den „Hessischen Rahmenrichtlinien" für das Fach Sozialkunde. Aufgrund massiver Proteste von Parteien, Eltern- und Lehrerverbänden gegen die geplante „Erziehung zur Konfliktfähigkeit" mußte von Friedeburg seinerzeit den Hut nehmen, und das Projekt wurde begraben. Kann es in einer Gesellschaft, deren Majorität auf den Urteilsstufen 3 und 4 steht, erwünscht sein, bei jungen Menschen eine moralische Entwicklung zu stimulieren, die dazu führen kann, eine *Änderung* bestehender Verhältnisse immerhin für möglich zu halten oder gar *zivilen Ungehorsam* als Gewissensentscheidung zu fordern? Dissidenten – auch moralische – schätzen wir nur beim ideologischen Gegner, nicht im eigenen Lager und Lande. Auch bei uns ist Antigone „persona non grata".

Übrigens: Weshalb werden Moraltrainingsprogramme immer nur Schülern, Lehrlingen und Strafgefangenen verordnet und nicht etwa Lehrern, Meistern und Aufsehern – von Politikern und Managern, denen man das Gegenteil anbietet (Fortbildungskurse in machiavellistischen Techniken) ganz zu schweigen? Nur, weil die einen sich moralisch noch emporranken können und die anderen sittlich gefestigt oder – unverbesserlich sind? Oder weil es sich die einen gefallen lassen (müssen) und die anderen nicht? Moralische Erneuerung könnte ja zur Abwechslung einmal bei den Mächtigen beginnen und nicht bei den Schwachen und Benachteiligten. Sicherlich liegt es im eigenen Interesse von Schülern, Lehr- und Häftlingen, wenn sie von der Rivalitätsmoral der Stufe 2 zur Solidaritätsmoral der Stufe 3 ,,angehoben" werden. Aber gilt das auch für den nächsten Schritt, vor allem, wenn man bedenkt, daß die Mehrzahl derer, die ihn tun, die Law-and-order-Moral der Stufe 4 nicht überwinden wird?[55] Kohlbergs Moralpädagogik unterstellt eine egalitäre Gesellschaft, die es rechtfertigt, (potentiell) Abweichende zu erziehen. Wenn diese Voraussetzung jedoch nicht zutrifft: Cui bono?

Nur am Rande sei erwähnt, daß sich Kohlberg neben dem Ruf eines verkappten Bourgeois auch den eines *Ethnozentrikers* erworben hat, weil er – gemäß dem Theorem einer kulturell universalen Entwicklung des moralischen Urteilens – versucht hat, afrikanische, asiatische und lateinamerikanische Dorfbewohner mit der Elle der bürgerlichen Mittelstandsmoral in westlichen Industrienationen zu messen.[56] Was dabei herausgekommen ist, werden Sie sich denken können. Die Menschen dort sind uns natürlich auch *moralisch* unterlegen.

Die *feministische* Kritik an Kohlberg entzündete sich gleichfalls an einem empirischen Sachverhalt. Soweit sie *konventionell* urteilen – und das tun ja die meisten – argumentieren *Frauen* überwiegend auf Stufe 3, *Männer* auf Stufe 4. Sind Männer also nicht nur stärker und intelligenter als Frauen, sondern auch moralischer? Diese Frage muß jede anständige Feministin zum Widerspruch reizen.

Zunächst kann der beobachtete Geschlechtsunterschied in der moralischen Urteilspräferenz keineswegs überraschen. In der patriarchalisch-industriellen Gesellschaft gilt schließlich noch weithin Schillers Idealtypologie: ,,Der Mann muß hinaus ins feindliche Leben ... und drinnen waltet die züchtige Hausfrau, die Mutter der Kinder ..."[57] Was Wunder also, wenn der Mann – auch moralisch – stärker staats- und gesellschaftsorientiert, die Frau eher personal-gemeinschaftsorientiert ist?

Doch mit dieser schulterklopfenden Begütigung der Männer wollen sich die Feministinnen nicht zufrieden geben. Ihnen paßt die ganze Richtung nicht – und schon gar nicht die herablassende Einschätzung der Solidaritätsmoral. Kohlbergs Prinzipien und Programme zielen auf abstrakte Formalismen, auf Freiheit, Gleichheit und Gerechtigkeit. Wo bleibt die *Schwesterlichkeit* oder fragen wir doch gleich: Wo bleibt die *Liebe?* Unter den weiblichen Schülern Kohlbergs gärt es schon lange. Sie setzen gegen dessen kantisch bestimmte formalistische Gerechtigkeitsethik eine materiale *Liebesethik,* in der nicht rationales Abwägen unterschiedlicher Interessen, sondern die liebevolle Koinzidenz verschiedener Bedürfnisse das moralische Urteilen bedingt.[58] ,,Make love, not – law", möchte man da die Maxime der einstigen ,,Flower people" abwandeln.

Der feministischen Kritik verwandt ist die Kohlbergkritik mancher *christlich* orientierten Wissenschaftler, etwa die des Kanadiers Sullivan.[59] Schon ab Stufe 4 führe Kohlbergs Stufenmodell weg von personal-gemeinschaftlichen zu impersonal-gesellschaftlichen Bezügen. Stufe 6 sei dann – im Doppelsinn des Wortes – der Gipfel. Sie verlange eine Orientierung an Prinzipien ohne Fleisch und Blut, mit denen außer Philosophieprofessoren niemand etwas anfangen könne, schon gar nicht die kleinen Leute, die Mühseligen und Beladenen. Sullivan möchte den kantisch-kohlbergschen Formalismus durch eine *religiös-personale* postkonventionelle Ethik ersetzen, die nun wiederum Oser – engagierter Katholik auch er – für eine ,,Schrebergärtchenmoral" hält.[60] Doch obwohl selbst Albert Schweitzer gesagt haben soll, ,,Weltanschauung" sei ,,auf Denken, und nur auf Denken" zu gründen,[61] gilt wohl immer noch das Wort des Apostels Paulus: ,,Wenn ich mit Menschen- und mit Engelzungen redete, und hätte der Liebe nicht, so wäre ich ein tönend Erz oder eine klingende Schelle" (1. Kor. 13,1).

Die feministischen und christlichen Einwände gegen den kohlbergschen Kognitivismus ähneln denen der materialen Wertethiker Max Scheler und Nicolai Hartmann gegen die formalistische Ethik Kants. Mit der Sympathie, für die sich Scheler so sehr interessierte,[62] mit Gefühlen oder gar mit der Liebe hatten es ja nun Kant und Kohlberg (und auch Habermas) wirklich nicht. Ihre Ansätze sind streng *rationalistisch*. Fast möchte man an Anatol France denken, der gesagt hat: ,,Dummheit ist schlimmer als Bosheit", denn – so könnte man diesen Satz kognitivistisch kommentieren –: ,,Gut" kann man werden, wenn man klug genug ist, aber dumm, und damit moralisch minderwertig, muß man bleiben! Dabei wußte schon der englische Moralphilosoph David Hume (1711-1776): ,,Die Vernunft ist und soll ihrer Bestimmung nach nur der Sklave der Leidenschaften sein, und kann nie auf ein anderes Amt Anspruch machen, als ihnen zu dienen."[63] Und: ,,Die Regeln der Sittlichkeit können also unmöglich Schlüsse unserer Vernunft sein."[64] Das freilich war nicht minder einseitig gedacht, als es Kant und Kohlberg taten. Die psychologische Moralforschung vermeidet eine derartige Einseitigkeit, indem sie die Überzeugung vertritt: Wenn die *kognitive* Entwicklung die *notwendige* Bedingung für die moralische ist, dann liegt die *hinreichende* im *emotionalen* Bereich, in der Entwicklung von Empathie und Sympathie, von Mitleiden und Liebe.[65] Eine Moral, die Gefühle ausklammert, ist zum Scheitern verurteilt.

Wenn Sie nun an der philosophischen Ethik und an der Moralpsychologie im allgemeinen und an Kant und Kohlberg im besonderen zu zweifeln beginnen, dann wappnen Sie sich mit starker Frustrationstoleranz, denn es kommt noch schlimmer! Kohlbergs Modell beschreibt ja nur die Entwicklung des moralischen *Urteilens. Handeln* die Menschen wenigstens nach ihrer jeweils erreichten Urteilskraft? Das möchte man doch hoffen, denn Erich Kästner hat uns ins Poesiealbum geschrieben: ,,Es gibt nichts Gutes/außer: Man tut es."[66]

Aber damit steht es bekanntlich erst recht nicht zum besten. Gabriel Laub hat das bitterböse Wort gesagt: ,,Streng nach ethischen Kriterien können nur Menschen außerhalb der ökonomischen Zwänge leben: Sehr junge, sehr alte, sehr reiche, sehr arme, Außenseiter und Verrückte. Und Philosophen, die mit Ethik Geld verdienen."[67] Den letzten Satz darf man bezweifeln, denkt man an Scheler, der – auf seinen Lebenswandel angesprochen – gesagt haben soll: ,,Der Wegweiser geht auch nicht den Weg, den er weist."

Um das betrübliche Mißverhältnis zwischen moralischem Urteilen und Handeln zu erklären, machen die Habermasschüler Döbert & Nunner-Winkler eine theoretische Anleihe bei der Soziolinguistik.[68] Sie unterscheiden die moralische *Kompetenz,* definiert durch die jeweils erreichte höchste Urteilsstufe, von der *Urteilsperformanz,* definiert durch das Vermögen, die Kompetenz auf ein konkretes moralisches Dilemma *anzuwenden,* und diese von der *Handlungsperformanz,* definiert durch das moralische Niveau des Handelns in einer realen Situation. Die drei Dimensionen können *konsistent* sein: Man urteilt in einer konkreten moralischen Konfliktsituation vermöge seiner Kompetenz und handelt auch danach. Vor allem auf der Ebene postkonventioneller Moral ist dieser Fall fast zu schön, um wahr zu sein; er kommt denn auch wohl nur selten vor. Häufiger sind unterschiedliche Fälle *partieller Inkonsistenz,* von denen ich Ihnen die wichtigsten nennen möchte.

1. Die Urteilsperformanz entspricht zwar der Kompetenz, das Handeln jedoch einer tieferen Stufe. Wiederum darf ich Paulus zitieren: ,,Wollen habe ich wohl, aber vollbringen das Gute finde ich nicht" (Röm. 7,18); oder Jesus selbst: ,,Der Geist ist willig, aber das Fleisch ist schwach" (Math. 26,41; Mark. 14,38). Biblische Beispiele sind der Gerichtsherr Pilatus und der Christus verleugnende Petrus. Handeln in moralrelevanten Situationen wird nicht nur durch moralische Kompetenz und Urteilsperformanz bestimmt, sondern durch eine Vielzahl anderer Persönlichkeits- und Situationsfaktoren. Moralische Kompetenz und Urteilsperformanz haben häufig nur einen *rhetorischen* Status; die Psychoanalyse würde von *Rationalisierungen* sprechen. Moralische Probleme appellieren immer an die *gesamte* Person ,,und rühren an deren psychische Schwächen. Deshalb geht es nie nur um die abstrakte Entscheidung, was zu tun ,richtig' ist, sondern immer auch um das Problem, von welchen Entscheidungen man sich zutraut, sie mit allen ihren intra- und interpsychischen Folgen auszuhalten oder sogar zu vertreten."[69] Wie im sozialen Handeln allgemein, so vermögen wir uns auch im moralischen Handeln von unseren *neurotischen Kompromißlösungen* nicht zu trennen. Wiederum erweist es sich als unmöglich, die ,,praktische Vernunft" im konkreten Fall von den Affekten abzuspalten. Auch haben die wenigsten von uns das Zeug zum Helden oder Märtyrer. Da berufen wir uns schon lieber auf einen ,,Befehlsnotstand", schreiben die moralische Verantwortung ,,denen da oben" zu und waschen die eigenen Hände in Unschuld. ,,Sein Gewissen war rein. Er benutzte es nie.", kommentiert der polnische Satiriker Stanislaw Lec.[70] Zudem haben wir die starke Neigung, bereits unser moralisches *Urteil* zu *segmentieren,*[71] d. h. für bestimmte Lebensbereiche und Situationen Ausnahmeregeln zu ,,erlassen". Beispiele dafür sind der ökonomische Bereich, Prüfungen und Wahlkämpfe.

2. Urteils- und Handlungsperformanz liegen *beide unter* dem Niveau der moralischen Kompetenz. Für dieses Mißverhältnis gibt es zwei Erklärungsmöglichkeiten. Die erste: Eine Anwendung der Kompetenz ist aufgrund *mangelnder Vertrautheit* mit (bestimmten) moralrelevanten Situationen nicht möglich. Ein mythologisches Beispiel dafür ist Parzival, der trotz seiner ritterlichen Eliteerziehung, bei der auch die moralische Kompetenz nicht zu kurz kam, angesichts der Trauer auf Munsalväsche die entscheidende Frage nach dem Leiden des Amfortas *nicht* stellte. Die zweite Erklärungsmöglichkeit: Durch situationsverzerrende und defensive Motive wird auf der Ebene der Urteilsperformanz ein moralisches Dilemma *neutralisiert*. Ein literarisches Kollektivbeispiel dafür ist Dürrenmatts Tragikomödie „Der Besuch der alten Dame", in der ein moralisches in ein juristisches Problem umdefiniert wird.[72] Wer Parzival und die Leute von Güllen als zu fiktiv empfindet, der denke an die Diskussion um die Aufnahme der chilenischen Todeskandidaten in der Bundesrepublik.

Ich darf resümieren. Die Entwicklung des moralischen Urteilens: ein Prozeß mit ungewissem Ausgang. Das erreichte Niveau der Kompetenz: eine schiefe Ebene, auf der man leicht abrutscht. Das Verhältnis von Denken und Handeln: eine lockere Mésalliance. Trübe Aussichten für die Moral? „Der Mensch ist schlecht", klagt der junge Rechtsreferendar Fröbel in Curt Goetz' Einakter „Die Rache". Nein, antwortet der ehemalige Staatsanwalt Alten, der sich inzwischen zum Verteidiger geläutert hat: „Schwach ist er."[73] Und vergessen wir auch eines nicht: Die individuelle moralische Entwicklung verläuft zwar *intrapsychisch,* doch die Erreichbarkeit moralischer Stufen hängt nicht zuletzt von *gesellschaftlichen* Strukturen ab. Jede Gesellschaft besitzt das Niveau kollektiver Moralität, das sie zuläßt.

Bedenkt man dies, dann erscheint vielleicht ein Hoffnungsschimmer am Horizont. Habermas und seine Schüler vertreten die Auffassung, daß sich die kollektiven Moralvorstellungen und die Systeme der philosophischen Ethik in einem Prozeß der *soziokulturellen Evolution* entwickelt haben: Von der präkonventionellen Angst- und Erfolgsmoral in prähistorischen „Horden" über die Sippenmoral in archaischen Stammesgemeinschaften, die Tugendethik in frühen und die Gesetzesethik in entwickelten Hochkulturen bis hin zur Gesinnungsethik in

Tabelle 2: Rekonstruktion der gesellschaftlichen Evolution der Moral (Phylogenese des moral. Bewußtseins)

Universalhistorische Stufe	Modellfall	Organisationsform	Deutungssystem	Konfliktregelung, Moral, Recht, Ethik	Ontogen. Stufe
Prähistorische Sozialverbände (ab 1 Mio. Jahre v. Chr.)	„Urhorde" (Jäger und Sammler)	Kleine Gruppen mit absolutem Patriarchen	Naturmythen	Recht des Stärkeren, Unterwerfung, Gehorsam	1
	„Totemistischer Brüderclan"	Kleinere Gruppen rivalisierender Gleichrangiger		Recht des Tüchtigeren, Austausch von Äquivalenten, naiver Hedonismus	2
Archaische Gesellschaften (ab 8000 v. Chr.)	Stammesgesellschaft (Ackerbau, Viehzucht)	Familie, Verwandtschaftsbeziehungen	Mythische Weltbilder	Wiederherstellung des Status quo ante, Sippenhaftung, Rache, Familien- und Stammesmoral, moralischer Realismus, Erfolgsethik	3
Frühe Hochkulturen (ab 4000 v. Chr.)	Griechische Polis (ab 750 v. Chr.)	Stadtstaat, Königtum, Sklavenhaltergesellschaft	Polytheistische Religion	Personengebundene konventionelle Moral, Individualhaftung, Strafe statt Vergeltung, Stammes- vs. Staatsmoral, Tugendethik	3 → 4
Entwickelte Hochkulturen (ab 1130 n. Chr.)	Christl. Frühmittelalter (ab 590 n. Chr.)	Klassengesellschaft von extremer Ungleichheit	Monotheistische Religion	Entwickelte konvent. Moral, Verrechtlichung, tradit. Naturrecht, Bestrafung des Abweichens von trad. Normensystemen, Glaubensethik	4
Frühe Neuzeit (ab Ende des 15. Jahrhunderts n. Chr.)	Reformation (ab 1517)	Entwickelte Klassengesellschaft mit zunehmender Tendenz zum Nationalstaat und Übergang vom ...	Konfessionalisierung	(Rational begründetes) Naturrecht, Gesinnungsethik	4 →

Fortsetzung siehe nächste Seite

Fortsetzung Tabelle 2

Universalhistorische Stufe	Modellfall	Organisationsform	Deutungssystem	Konfliktregelung, Moral, Recht, Ethik	Ontogen. Stufe
Moderne (ab 2. Hälfte des 18. Jahrhunderts)	Aufklärung, Industrielle Revolution	... Konkurrenz- zum Monopolkapitalismus	Säkularisierung	Rational (utilitaristisch) begründetes Formalrecht, Gesinnungsethik → Verantwortungsethik	4 ½
Gegenwart (20. Jahrhundert)	Moderne Industriegesellschaft	Moderner Verfassungsstaat, → egalitäre Gesellschaft	Pluralismus	Rational begründetes Formalrecht, Privat- vs. Staatsmoral, (Idee der moralischen Freiheit, formalistische Ethik)	5 (6)
Zukunft (utopisch)	Postindustrielle Gesellschaft	Internationalismus, → universale Selbstverwaltung	Universalismus	Universalistische Bedürfnisinterpretation, politische Universalmoral, Idee der moralischen und politischen Freiheit, kommunikative Ethik	7

der frühen Neuzeit und zur Verantwortungsethik in der Moderne (s. Tabelle 2).[74] Die gesellschaftliche Evolution der Moralvorstellungen läßt sich anhand von Kohlbergs strukturgenetischen Urteilsstufen rekonstruieren, und umgekehrt könnte man spekulativ – nach Stanley Hall's „psychogenetischem Grundgesetz"[75] – die ontogenetische Moralentwicklung als kurze Rekapitulation der Phylogenese des moralischen Bewußtseins auffassen. Die *kognitive Kompetenz* der Menschheit hat sich im Laufe von einer Million Jahren erheblich gesteigert, und „man wird sicher sagen dürfen, daß die Formen sozialer und politischer Ordnung, die die Menschheit im 20. Jh. entwickelt hat (wie sie auch immer ausgestaltet sein mögen), noch nicht die letzten sein werden".[76] Das Apriori des Geistes steht nicht am Anfang, sondern am Ende der soziokulturellen Evolution, wie es Piaget dialektisch formuliert hat.[77]

Aber dürfen wir auch hoffen, daß eines fernen Tages die moralische *Handlungsperformanz* mit der Kompetenz und Urteilsperformanz schritthalten wird? Daß die von Habermas geforderte *politische Freiheit,* ohne die moralische Freiheit zur Wirkungslosigkeit und Tragik bestimmt ist, keine Utopie bleibt? Oder müssen wir mit Günther Anders[78] und Arthur Koestler[79] befürchten, daß unser Großhirn den niederen Hirnpartien, unsere Ideen unseren Affekten auch künftig nicht gewachsen sein werden?

Ich möchte Sie mit einem Wort des großen Immoralisten Friedrich Nietzsche in die Diskussion entlassen, der immerhin unser Ohr geschärft hat für alle falschen Töne des Moralisierens: „Man verdirbt einen Jüngling am sichersten, wenn man ihn anleitet, den Gleichdenkenden höher zu achten als den Andersdenkenden."[80] Und ich darf hinzufügen: Moralischer Diskussionspartner ist, wer das *Gegenteil* meiner eigenen Meinung vertritt – auf derselben Urteilsstufe. Oder besser noch: auf einer höheren.

Anmerkungen

1 Immanuel Kant, Kritik der praktischen Vernunft. In: Ders., Die drei Kritiken. Stuttgart 1975, S. 243. – Uwe Schultz, Immanuel Kant in Selbstzeugnissen und Bilddokumenten. Reinbek 1965, S. 43.
2 Friedrich Nietzsche, Der Antichrist (11). In: Ders., Werke in sechs Bänden, Bd. 5. Leipzig 1930, S. 200.
3 Vgl. Rolf Haubl u. a., Moralische Handlungsregulation aus psychologischer Sicht. In: Dies., Veränderung und Sozialisation. Opladen 1985, S. 52 f.
4 Quelle: Heute-Sendung des ZDF am 7. August 1987, 19.00 Uhr.
5 Vgl. T. L. Beauchamp, Paternalism. In: W. T. Reich (Hrsg.), Encyclopedia of Bioethics, Vol. 3. New York 1979, S. 1194–1201.
6 Vgl. R. Voigt (Hrsg.), Verrechtlichung. Königstein/Ts. 1980.
7 Jürgen Habermas, Recht und Gewalt – ein deutsches Trauma. In: Ders., Die neue Unübersichtlichkeit. Frankfurt/M. 1985, S. 111.
8 Vgl. Otfried Höffe, Die Frage nach dem Moralprinzip. In: Ders., Sittlich-politische Diskurse. Frankfurt/M. 1981, S. 52 f.
9 Habermas (Anm. 7), ebd.
10 Bertolt Brecht, Legende der Entstehung des Buches Taoteking auf dem Weg des Laotse in die Emigration. In: Ders., Gesammelte Werke 9 (Werkausgabe). Frankfurt/M. 1967, S. 660.
11 Kant (Anm. 1), S. 247 f.
12 Höffe (Anm. 8), S. 52–74.
13 Ebd., S. 52.
14 Nicolai Hartmann, Ethik. Berlin/Leipzig 1935², S. 3.
15 Vgl. dazu Jürgen Habermas, Vorbereitende Bemerkungen zu einer Theorie der kommunikativen Kompetenz. In: Jürgen Habermas & Niklas Luhmann, Theorie der Gesellschaft oder Sozialtechnologie. Frankfurt/M. 1971, S. 101–141. – Ders., Moralentwicklung und Ich-Identität. In: Ders., Zur Rekonstruktion des historischen Materialismus. Frankfurt/M. 1976, S. 63–91. – Ders., Theorie des kommunikativen Handelns (2 Bde.). Frankfurt/M. 1981. – Ders., Moralbewußtsein und kommunikatives Handeln. In: Ders., dito. Frankfurt/M. 1983, S. 127–206.
16 Höffe (Anm. 8), S. 67.
17 Paul Lorenzen & Otto Schwemmer, Konstruktive Logik, Ethik und Wissenschaftstheorie. Mannheim 1975. – Karl-Otto Apel, Das Apriori der Kommunikationsgemeinschaft und die Grundlagen der Ethik. In: Ders., Transformation der Philosophie Bd. II. Frankfurt/M. 1976, S. 358–435.
18 Otfried Höffe, Sind Moral- und Rechtsbegründung kommunikations- (konsens-, diskurs-)theoretisch möglich? – Einige Thesen. In: Ders., Ethik und Politik. Frankfurt/M. 1979, S. 245 ff.
19 Ebd., S. 247 f.
20 Ebd., S. 248.
21 Emile Durkheim, Über die Teilung der sozialen Arbeit. Frankfurt/M. 1977.
22 Ders., Erziehung, Moral und Gesellschaft. Neuwied 1973. – Ders., Erziehung und Soziologie. Düsseldorf 1972.
23 Vgl. Hans Bertram, Moralische Sozialisation. In: Klaus Hurrelmann und Dieter Ulich (Hrsg.), Handbuch der Sozialisationsforschung. Weinheim/Basel 1980, S. 717–740. – Lawrence Kohlberg & Elliot Turiel, Moralische Entwicklung und Moralerziehung. In: Gerhard Portele (Hrsg.), Sozialisation und Moral. Weinheim/Basel 1978, S. 31 ff.
24 Jean Piaget. Das moralische Urteil beim Kinde. München 1986.
25 Vgl. dazu Lawrence Kohlberg, Stufe und Sequenz. In: Ders., Zur kognitiven Entwicklung des Kindes. Drei Aufsätze. Frankfurt/M. 1974, S. 17 f.
26 Im Sinne von Jean Piaget, Psychologie der Intelligenz. Zürich 1947. – Vgl. auch Kuhn et al. (Anm. 33).
27 Im Sinne von R. L. Selman, The growth of interpersonal understanding. New York

1980. – Vgl. auch Ders., The relation of role-taking to moral judgment in Children. In: Child Development 42 (1971), S. 79–92.
28 Tabelle 1 ist mit Modifikationen und Ergänzungen kompiliert aus: Eckensberger & Reinshagen (Anm. 30), S. 93 (Spalten 1, 4); Habermas 1976 (Anm. 15), S. 83 (Spalten 5, 8, 9); Haubl et al. (Anm. 3), S. 73 (Spalte 6); Habermas 1983 (Anm. 15), S. 177 (Spalte 7).
29 Das Stufenmodell ist in allen Veröffentlichungen von und zu Kohlberg enthalten. Die Formulierung der ,,Maximen" stammt vom Verfasser.
30 Lutz H. Eckensberger & Heide Reinshagen, Kohlbergs Stufentheorie der Entwicklung des Moralischen Urteils: Ein Versuch ihrer Reinterpretation im Bezugsrahmen handlungstheoretischer Konzepte. In: Lutz H. Eckensberger & Rainer K. Silbereisen (Hrsg.), Entwicklung sozialer Kognitionen. Stuttgart 1980, S. 108 ff.
31 Rainer Döbert & Gertrud Nunner-Winkler, Adoleszenzkrise und Identitätsbildung. Frankfurt/M. 1975, S. 110. – Habermas, Moralentwicklung und Ich-Identität (Anm. 15), S. 75, 78, 83.
32 Vgl. SPIEGEL-Gespräch mit Hans Schwier. In: DER SPIEGEL 22 (1984), S. 76–83. – Ulf Peltzer, Mythos Moralpsychologie. In: Psychologie heute, Juni 1987, S. 54.
33 D. Kuhn et al., The development of formal operations in logical and moral judgment. In: Genetic Psychology Monographs 95, 1977, S. 147.
34 Roland Wakenhut, Manual zum ,,Moralisches-Urteil-Fragebogen" (MUF). Hektographiert, Univ. Augsburg 1981.
35 Zur wissenschaftstheoretischen und forschungspraktischen Kohlbergkritik vgl. Ulf Peltzer, Lawrence Kohlbergs Theorie des moralischen Urteilens. Opladen 1986. – Ders., Mythos Moralpsychologie (Anm. 32).
36 Johann Wolfgang Goethe, Faust 1, Eingangsmonolog (Verse 372/73). In: Ders., Sämtliche Werke Bd. 5, Zürich 1977 (Artemis-Ausgabe), S. 155.
37 Etwa Kohlberg & Turiel (Anm. 23), S. 53, 56.
38 Etwa Kohlberg, Levine & Hewer, Moral Stages: A current formulation and a response to critics. Basel 1983, S. 61.
39 John Rawls, Eine Theorie der Gerechtigkeit. Frankfurt/M. 1979, S. 400.
40 Ebd., 401.
41 Ebd., S. 403, 409 ff.
42 Ebd., S. 406.
43 Ebd., S. 400.
44 Jürgen Habermas, Ziviler Ungehorsam – Testfall für den demokratischen Rechtsstaat. In: Ders., Die neue Unübersichtlichkeit (Anm. 7), S. 90.
45 Ders., Recht und Gewalt – ein deutsches Trauma (Anm. 7), S. 113 f.
46 Ebd., S. 105 ff.
47 Peltzer (Anm. 32), S. 56. – Ders. (Anm. 35), S. 142 f.
48 Lawrence Kohlberg & Anne Higgins, Continuities and discontinuities in childhood and adult development revisited – again. In: L. Kohlberg, Essays on moral development Vol. II. New York 1984, S. 485 ff.
49 Vgl. etwa Kohlberg & Turiel (Anm. 23), S. 20, 36, 67.
50 Lawrence Kohlberg u. a., Die gerechte Schul-Kooperative. In: Portele (Anm. 23), S. 215–259.
51 Lawrence Kohlberg u. a., Die Gerechtigkeitsstruktur im Gefängnis. In: Ebd., S. 202–214.
52 Ders., Revision in the theory and practice of moral development. In: New Directions for Child Psychology, 2, 1978, S. 83–87.
53 Fritz Oser, Moralisches Urteil in Gruppen, Soziales Handeln, Verteilungsgerechtigkeit. Stufen der interaktiven Entwicklung und ihre erzieherische Stimulation. Frankfurt/M. 1981.
54 Peltzer (Anm. 32), S. 54.
55 Vgl. ebd., S. 57.
56 Siehe die Zusammenstellung bei Eckensberger & Reinshagen (Anm. 30), S. 102 f.
57 Friedrich Schiller, Die Glocke.

58 Carol Gilligan, In a different voice: Women's conceptions on self and morality. In: Harvard Educational Review 47, 1977, S. 481–517. – Vgl. auch G. Schreiner, Gerechtigkeit ohne Liebe – Autonomie ohne Solidarität? In: Zeitschrift für Pädagogik 25, 1979, S. 505–528.
59 E. V. Sullivan, A study of Kohlberg's structural theory of moral development: a critique of liberal social science ideology. In: Human Development 20, 1977, S. 352–376.
60 Fritz Oser, Die Theorie von Lawrence Kohlberg im Kreuzfeuer der Kritik – Eine Verteidigung. In: Bildungsforschung und Bildungspraxis 3, 1981, S. 51–64.
61 Zitiert nach K. E. Müller, Einführung in die allgemeine Psychologie. Stuttgart 1965², S. 212.
62 Max Scheler, Zur Phänomenologie der Sympathiegefühle (1913). – Ders., Der Formalismus in der Ethik und die materiale Wertethik (1913/16). – Ders., Wesen und Formen der Sympathie (1923).
63 David Hume, Von den Leidenschaften. In: Ders., Abhandlung über die menschliche Natur, 3 Bde. Halle 1791, Bd. 2, S. 246.
64 Ders., Über die Moral. Ebd., Bd. 3, S. 5.
65 Vgl. etwa M. L. Hoffman, Developmental synthesis of affect and cognition and its implications for altruistic motivation. In: Developmental Psychology 11, 1975, S. 623–627.
66 Erich Kästner, Moral. In: Ders., Gedichte, Kurz und bündig (Epigramme). Frankfurt/M. 1981, S. 508.
67 In: DIE ZEIT, 1977 (genaueres Datum unbekannt).
68 Rainer Döbert & Gertrud Nunner-Winkler, Performanzbestimmende Aspekte des moralischen Bewußtseins. In: Portele (Anm. 23), S. 101–121.
69 Rolf Haubl, Moralische Handlungsregulation als psychodynamischer Prozeß. In: Haubl u. a. (Anm. 3), S. 96.
70 Stanislaw Lec, Neue unfrisierte Gedanken. München 1964, S. 53.
71 Zum Begriff vgl. Döbert & Nunner-Winkler (Anm. 31), S. 107. – Dies. (Anm. 68), S. 120. – Rainer Senger, Segmentierung des moralischen Urteils bei Soldaten. In: Georg Lind, Hans A. Hartmann & Roland Wakenhut (Hrsg.), Moralisches Urteilen und soziale Umwelt. Weinheim/Basel 1983, S. 193–210.
72 Friedrich Dürrenmatt, Der Besuch der alten Dame. Eine tragische Komödie. In: Das dramatische Werk in 17 Bänden, Bd. 5. Zürich 1980.
73 Curt Goetz, Die Rache. In: Ders., Miniaturen. Stuttgart 1962, S. 17.
74 Tabelle 2 aus: Hans A. Hartmann, Was ist sozial an der Moral? Moralität, Moral und Ethik – sozialwissenschaftlich betrachtet. In: Georg Lind u. a. (Anm. 71), S. 18 (s. auch die dort zitierte Literatur der Habermasschule).
75 Stanley G. Hall, Adolescence. New York 1904.
76 Theo Stammen, Wertewandel in der gegenwärtigen Gesellschaft. In: Wertepluralismus und Wertewandel heute. München 1982, S. 188.
77 Piaget (Anm. 24), S. 470.
78 Günther Anders, Die Antiquiertheit des Menschen. München 1987.
79 Arthur Koestler, Der Trieb zur Selbstzerstörung. In: Ders., Die Armut der Psychologie. Bern/München 1980, S. 313–328.
80 Friedrich Nietzsche, Morgenröte (297). In: Ders. (Anm. 2), Bd. 3, S. 216.

Autoren

Kurt Bayertz
Dr. phil., M.A., wissenschaftlicher Mitarbeiter am „Universitätsschwerpunkt Wissenschaftsforschung" der Universität Bielefeld.
Hauptforschungsgebiete: praktische Philosophie, Theorie und Geschichte der Biowissenschaften, Wissenschaftsethik.

Ludwig Siep
Direktor des Philosphischen Seminars der Universität Münster.
Hauptarbeitsgebiete: Geschichte der Praktischen Philosophie (Ethik, Rechts- und Staatsphilosophie), Philosophie des Deutschen Idealismus, Angewandte Ethik.

Gerhard Robbers
Privatdozent an der Universität Freiburg.
Hauptforschungsgebiete: Öffentliches Recht, Kirchenrecht, Rechtsphilosophie.

Heinz D. Kurz
Professor für Volkswirtschaftslehre an der Sozial- und Wirtschaftswissenschaftlichen Fakultät der Karl-Franzens-Universität Graz (Österreich).
Hauptforschungsgebiet: Wirtschaftstheorie, insbesondere Wert- und Verteilungstheorie sowie Akkumulations- und Wachstumstheorie, Theoriegeschichte.

Alfons Auer
Dr. theol., em. Professor für theologische Ethik an der Universität Tübingen.
Hauptforschungsgebiete: Geschichte der Moraltheologie und der christlichen Frömmigkeit; Grundlagenprobleme heutiger theologischer Ethik; aktuelle Probleme aus den Bereichen der medizinischen, der ökologischen und der Medienethik.

Hans A. Hartmann
Inhaber eines Lehrstuhls für Psychologie in der Wirtschafts- und Sozialwissenschaftlichen Fakultät und Direktor des Instituts für Sozioökonomie der Universität Augsburg.
Hauptforschungsgebiete: Sozioökonomie, Kulturanlaysen (einschließlich Literatur- und Kunstpsychologie), Ethik professionellen Handelns, Psychologische Diagnostik.